新战略

于胜——著

企业高速发展密码

经济日报出版社

图书在版编目（CIP）数据

新战略：企业高速发展密码 / 于胜著. — 北京：经济日报出版社，2022.5

ISBN 978-7-5196-1033-3

Ⅰ. ①新… Ⅱ. ①于… Ⅲ. ①企业管理-研究 Ⅳ. ①F272

中国版本图书馆 CIP 数据核字（2021）第 279992 号

新战略——企业高速发展密码

作　者	于　胜
责任编辑	陈　悦
责任校对	徐建华
出版发行	经济日报出版社
地　址	北京市西城区白纸坊东街 2 号 A 座综合楼 710（邮政编码：100054）
电　话	010-63567684（总编室）
	010-63584556（财经编辑部）
	010-63567687（企业与企业家史编辑部）
	010-63567683（经济与管理学术编辑部）
	010-63538621　63567692（发行部）
网　址	www.edpbook.com.cn
E-mail	edpbook@126.com
经　销	全国新华书店
印　刷	北京九州迅驰传媒文化有限公司
开　本	710 mm×1000 mm　1/16
印　张	14.25
字　数	195 千字
版　次	2022 年 5 月第 1 版
印　次	2022 年 5 月第 1 次印刷
书　号	ISBN 978-7-5196-1033-3
定　价	58.00 元

前 言

一时的胜负，只需战术；长期的领先，需要战略。

组织发展的过程、人生的过程，都是一系列选择的集合。每一次重大选择，都是战略决策，从而决定了不同的发展效率和轨迹。

缺乏有效的战略，组织（个人及家庭、职能部门、企业、单位、国家）不可能从竞争中脱颖而出或长期保持领先优势。以美国哈佛商学院教授迈克尔·波特为代表的西方竞争战略理论，具有借鉴意义，但并不适用中国特色的市场经济体系。

战略，决定方向，解决“应该做什么、应该怎么做”的路线、方针问题……进而影响效率。做正确的事＋正确地做事，方能水到渠成。技术迭代的速度越来越快，市场竞争的变化越来越快，战略也需要及时迭代。

笔者在研究《战国策》、诸子百家著作、中国历史及西方管理学理论和创业、企业管理咨询实践中，总结出资源领先、模式领先、性价比领先和连续博弈四大类型的新战略，以及闭环、迭代的“四部曲”战略管理模型，更适应中国经济发展和市场竞争状况，期待为企业更好地参与日益全球化的市场竞争贡献微薄之力。

于 胜

2021 年 11 月于北京

目　录

CONTENTS

第一章　新战略分类

西方资本主义经过100多年的发展，建立了相对成熟、完善的市场经济管理体系和竞争战略理论，迈克尔·波特针对业务层的三大基本战略（成本领先、差异化、集中化战略）在管理学界和企业界产生了很大的影响。

决策失误或缺乏有效的战略，国家、个人会遇到困境，企业则会加速死亡。据中国中小企业协会统计，截至2019年底，全国市场主体共1.23亿户，其中：企业数量为3858.3万户，个体工商户8261万户[①]。企业中的绝大多数为中小微企业，因此中国的市场主体以小型、微型组织为主。对他们而言，没有规模经济，哪来成本领先？缺乏技术积累，如何差异化？既无成本优势，又难差异化，如何在集中化的市场取得优势？迈克尔·波特这三大基本战略不能适用于中国特色市场经济体系的中小微企业，难以指导企业更好地参与市场竞争。因此，研究、探索适合国内企业，尤其是适合中小企业的新战略类型和战略管理方法具有重要的理论价值、社会价值和现实意义。

1.1 新战略类型划分

战略类型有很多划分方式。

从组织规模划分，有国家战略、产业发展战略；有企业战略、职能部门战略（如产品战略、市场战略、营销战略、资本战略等）；有个人职业规划发展战略……

西方竞争战略理论根据组织规模把战略类型划分为业务层（成本领先、差异化、集中化）战略和公司层（多元化、收购、外包和内部创业）

① http：//www.ca–sme.org/content/index/id/28634.

战略[1]，在战略管理领域占据“统治”地位（见图 1–1）。

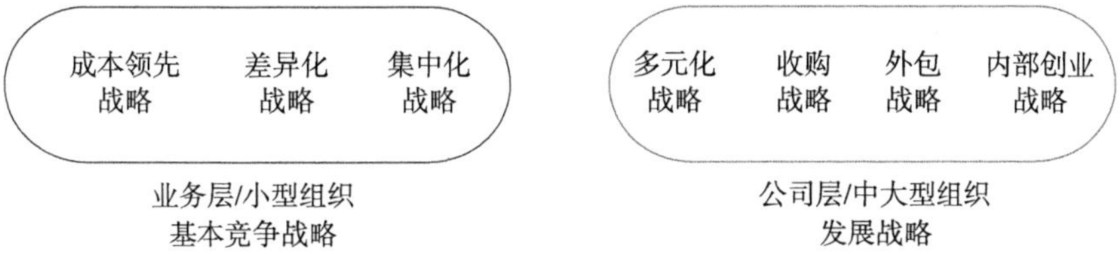

图 1–1　西方竞争战略类型划分示意图

这种划分方法，不同规模的组织，从不同的战略池中选择适合自己的战略类型，其业务层战略并不太适应国内中小微企业的实际状况、落地难（没有规模经济，哪来成本领先？缺乏技术积累，如何差异化？既无成本优势，又难差异化，如何在集中化的市场取得优势），客观上导致了不少中小微企业放弃战略理论的指导作用、轻视战略规划……

任何组织一经建立，都有发展、壮大的梦想。创立时，固然可以展望未来，更应该立足当下——先求生存，再求发展。因而，求生存是组织需要面对的第一战略目标；生存成功，然后才面对发展的问题。组织要生存、发展，首先要有相对充足的资金保障，即现金流，它是组织的血液。

对企业来说，获得现金流的方式主要有三种：

一是投资，即获得资本青睐。

二是举债，有能力从金融机构、股东、债权方等借入资金。

三是运营中产生的现金流，包括经营性现金流（产品 / 服务的销售收入等）、非经营性收益（投资收益、政府补贴或奖励、税收返还等）。经营性现金流如果能够保证持续运营和发展无疑是最好的，说明组织完全具备了自主生存能力，求生存的首要目标已达成，可以制订下一步的发展目标和战略。

组织获得生存、发展所需的现金流的主要方式，决定了它应实施的主要战略类型。结合中国特色市场经济的特点、西方成熟的战略理论等，以

① 于胜著：《股权最重要的事》，中国人民大学出版社 2020 年 1 月第 1 版，第 216–217 页。

更加中国化的思维，将战略类型划分为资源领先战略、模式领先战略、性价比领先战略和连续博弈战略四大类型，有些类型又包含若干细分类型，适合各种规模的组织。如图 1–2 所示。

1.2 资源领先战略

资源是指组织拥有的、能够为组织创造价值的有形或无形要素。资源领先战略又可称为要素禀赋战略，其核心在于要素禀赋：常人认为困难的事，对掌握资源者而言可能是小事一桩。

资源领先意味着拥有资源的数量、质量或性能、价格、机会成本等具有显著优势。

资源可分为有形资源和无形资源。有形资源包括影响组织竞争力的各种生产要素，如：资本、人才、供应链、土地 / 矿产 / 设备等；无形资源包括社会关系、专利、技术、版权、商标、品牌、授权、市场流量或影响力、配套优势等。因此，资源领先战略又可进一步划分为关系领先、人才 / 技术领先、资本领先、市场资源领先、土地 / 矿产领先等细分战略类型。

借助一项或多项资源优势进入市场、参与竞争，这或许是中国企业最广泛采用的战略类型——每一个创业者在创业开始时，会情不自禁甚至不约而同地使用这一战略。或许很多企业并没有正式制订竞争战略，但凭直觉实施了资源领先战略。这也意味着，没有认真分析、制定战略，不等于没有战略。资源禀赋已经融入我们的血液。

1.2.1 关系

关系资源的核心价值或重要意义在于，对我们而言很难的事，对关系来说却可能是举手之劳。在善用关系资源后，原本很难的事可能成了小事一桩。

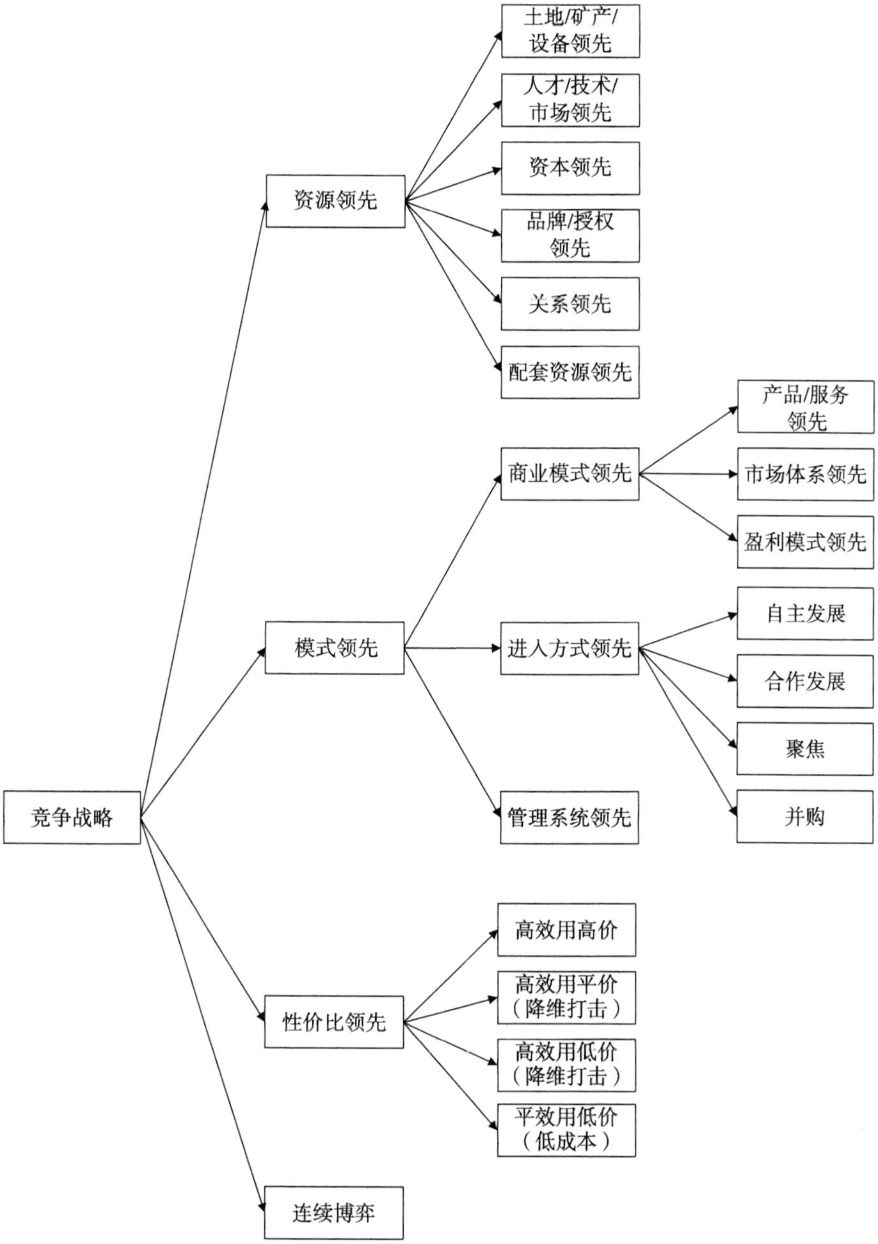

图 1–2　新战略类型示意图

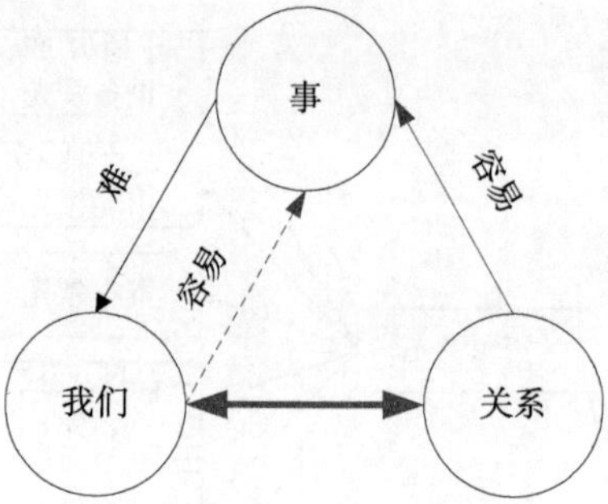

图 1-3 关系资源示意图

人类社会本质上是关系社会，人类构建的经济体系同样是关系体系。

就商业社会来说，供应商、生产商、物流商、经销商或销售平台、用户、税务等政府管理部门……每两个节点之间构成了单双向（物流、资金流）、相互依存的关系，而每个节点为了更好的收益或体验，又会发展多个与其他节点之间的关系，进而构成了一个复杂的关系网络。在这个关系网络中，每个节点自身条件的变化，都可能导致与其他节点关系的微妙改变。关系及其影响，可以说无时、无处不在。

（1）关系资源的力量

商业社会中，关系就是资源、就是生产力，这是不可否认的事实。中国人自古就擅长发掘、利用关系达成战略目标，早在2000多年前的战国初期，国人已是关系资源领先战略的先行者、实践者。

【历史】《战国策·东周策·赵取周之祭地》

赵取周之祭地，周君患之，告于郑朝。郑朝曰："君勿患也，臣请以三十金复取之。"周君予之，郑朝献赵太卜，因告以祭地事。

及王病，太卜谴之曰："周之祭地为祟。"赵乃还之。

这个历史故事的背景是西周王朝在周幽王死后灭亡，进入东周列国时代。周王室的管辖范围、实力和影响力大减，形同小诸侯国。这时，赵国趁机夺取了东周祭地。土地没多大，但性质很严重：一旦周君无可奈何，榜样的力量是无穷的，周君的其他土地会很快被周边的韩、魏、楚、秦等诸侯瓜分殆尽！结果，东周大臣郑朝用30金贿赂赵国太卜——彼时占卜盛行，凡大事皆占卜，太卜的话代表天意。当赵王生病时，太卜责备他说病根在于周之祭地。于是赵王归还了祭地。

东周成功收复祭地的关键是采取了关系资源领先战略。郑朝借助赵国太卜的关系，以相对低的代价达成了夺回祭地的战略目标。除此之外，伐交（包括请求其他诸侯或直接与赵国进行外交谈判）、伐兵（武力争夺）等战略对东周而言，既没有胜算，更会导致代价巨大。妙用关系资源领先战略却收到奇效，轻松地达成了战略目标。

自古擅长“搞关系”的中国人，并没有在关系问题研究中占先，反而是西方人率先提出了小世界网络①原理（原来素不相识的人，通过一条很短的熟人链条就可以建立关系）和关系经济学理论②；公共关系部门甚至成为多数西方跨国公司必备的设置。

这意味着：整合和拓展关系，并没有想象中那么难，更不必讳莫如深。

如果有可靠的关系能确保在同等条件下优先得到项目合作机会或成为产品、服务提供商，企业无疑相当于具备了额外的竞争力，可以快速进入市场。反过来，如果凭借关系得到了一个项目，实施结果却差强人意，给对方制造出了很大的麻烦和难堪，这样的关系能够持久吗？原本赖以生存的关系资源可能会就此中止——关系的巩固和发展一定是双方相互作用、影响的结果。

此外，供应链关系、客户关系等也都是宝贵的关系资源。小米把关系

① 1998年，邓肯·瓦茨（Duncan·J·Watts）和史蒂芬·斯托加茨（Steven·Strogatz）联合发表论文，首次提出了“小世界网络”理论。

② 美国学者大卫·努尔2009年出版专著《关系经济学》，其理论和方法在众多全球500强企业得到应用。

领先战略发挥到极致："找靠谱的人，做靠谱的产品"，参股熟人的公司快速构建生态链，丰富产品线；立足海量"米粉"，充分打磨供应链关系，提高产品的成本优势。如果小米的所有产品都是自主研发、制造，而不是立足关系领先战略去整合资源，小米生态链怎能发展得这样快？怎么可能短期内推出数百种跨行业的产品？

拥有关系，利用关系；缺乏关系，整合关系；没有关系，拓展关系。惟有如此，才能打造出自己的关系领先优势。

（2）关系资源的副作用

关系资源领先战略的优势是可以帮助我们相对轻松地活下去，甚至掘到一桶金；缺点是如果长期严重依赖关系资源则可能难以成长，久之甚至失去正常的竞争能力；而关系资源的持续性具有不确定性，一旦关系出现问题，就意味着战略遇到问题，如果没有及时拓展新用户，很可能会陷入被动。从这个角度看，小米的生态链公司需要尽快摆脱对小米的依赖，否则可能难以更健康地发展。

【案例】寒武纪拥抱华为

中科寒武纪科技股份有限公司（以下简称"寒武纪"）2016年创立，致力于AI芯片研发。2017—2018年，华为与寒武纪达成合作，旗下Mate10系列、P20系列、荣耀V10系列等12款手机的麒麟处理器使用了寒武纪1A终端芯片。随着华为手机取得巨大成功，寒武纪也随之声名大噪。2017、2018年度，寒武纪分别从华为获得销售收入771.27万元、1.14亿元，占公司当年营业收入总额的98.33%、97.63%，寒武纪轻松躺赚的同时，也埋下了严重依赖华为的巨大隐患。

2018年10月，华为手机宣布将使用自主研发的AI芯片，结束与寒武纪的合作。自2019年起，华为再未采购过寒武纪的AI芯片。寒武纪不得已转向云端芯片和智能计算集群系统研发，但新开辟市场的营业收入一时难以满足高投入的研发需求。2019年，丢失华为这个关键客户后，寒武纪净亏损高达 11.79 亿元！尽管寒武纪顶着智能芯片的光环于 2020 年 7 月登陆科创板、并创下近 1200 亿元的市值高点，但此后市值一路下跌，到 2021 年 10 月底市值仅约 350 亿元，且仍未走出巨额亏损的泥潭。

我们看到，搭上与华为的关系，寒武纪过了两年好日子，很轻松地从华为获得上亿元营收；但是，好景不长，双方的合作关系戛然而止后，寒武纪马上陷入十分被动的境地。转而研发云端芯片和智能计算集群系统之后，寒武纪在 2021 年 7 月又宣布进军智能汽车 AI 芯片研发。这意味着寒武纪的产品开始多元化，客户集中度、对大客户的依赖程度有望逐渐降低。我们期待寒武纪早日摆脱经营困境，成长为国内领先的芯片企业。

与依赖大客户的隐患相似，公司达到一定规模后，产品或服务也应该具有多家供应商或合作伙伴，即供应链关系多元化，避免被供应链挟制的风险。在 IPO、上市前的审计过程中，会计师会审查公司的大客户和供应商等，确保公司的经营业绩不会因关键客户或供应商关系出现问题而大受影响。

（3）关系的本质

“天下熙熙，皆为利来；天下攘攘，皆为利往。”商业社会中，本质上一切关系的建立、维系都基于双边的利害得失。

关系得以维系、巩固和强化，一定是彼此之间存在交换价值，能够各取所需。否则，关系便会弱化或难以建立、维系。没有永远的关系，只有永远的利害。关系的强化与弱化，全在利害二字。

要维系、巩固甚至强化关系资源，就必须双赢。即自己获利的同时，让关系方也获利。自己获利主要指金钱方面的收获，对方的利还包括业绩、声誉、影响力等。对于位高权重的关系，金钱交易会给对方带来危险，这不是利而是害，因此，强化关系的重点是：发现关系方关注并对其切实有利的要素，各取所需。

实施关系资源领先战略的企业，应抓住时机增强竞争力，巩固原有关系，并提前开发新的关系、用户或产品，走向正常的市场竞争，以确保企业健康、持续地发展，避免患上关系依赖症。

1.2.2 人才、技术、市场

如果我们把人才、技术、市场从资源领先战略中分出来可以吗？当然可以。但是，技术、市场归根结底由人打造和掌握，而人，本身就是不可或缺的资源，所以，我们仍然把人才、技术、市场归入资源这一大类。

自古以来，中国就不乏得一人可以兴邦的范例。刘邦得到韩信，奠定了楚汉争霸的胜局；刘备得到诸葛亮，开启了三分天下的霸业……

【历史】得吴起者霸

吴起，战国初期卫国人，略晚于孙武，著名的军事家、政治家，著有《吴子兵法》，与孙武并称“孙吴”，是兵家的代表人物。

吴起成年后去鲁国寻求发展机遇。当时齐国正发兵攻打鲁国，鲁国君想任用吴起为主将，但又因吴起妻子是齐国人而迟疑不决。《史记·孙子吴起列传》记载吴起杀妻求将①，率领鲁军战胜了强大的齐国军队。然而拯救了鲁国的吴起不但无功，反而被中伤：鲁国大胜后引人注目，会导致诸侯图鲁；而且鲁国重用吴起会导致兄弟之邦卫国不满，等等。鲁君于是辞退吴起。

赵、魏、韩三家分晋后，一直未获周天子官方认可。此时，魏文侯任用李悝变法，鼓励农耕，国力转强。魏文侯把扩大魏国影响力、获得诸侯地位列为重要目标。吴起来到魏国后，魏文侯任用其为魏国主将。吴起率军向西伐秦，屡战屡胜，攻取了秦国河西区数百里土地，并筑吴城、设

---

① 《韩非子·外储说右上》中提到吴起曾“休妻”而非杀妻；杀妻求将的事只在《史记》一处记载，且吴起的故事有诸多逻辑不合理之处：如吴起在卫国时，杀同乡 30 余人后从容辞别母亲去鲁国拜在曾子门下……一人杀 30 多人还能从容辞别母亲？曾子如何敢收这徒弟？后来竟无仇家找吴起报仇？

置西河郡，魏文侯任命吴起为西河郡守，镇守西河；同时，吴起在魏国主导军事改革，推行了魏武卒制，把当时各国普遍采用的全民皆兵制（非战为农，战时为兵）改革为募兵制度，即职业化士兵，设置统一的体能、技能标准对士兵进行考核、招募和训练，使士兵专业化，创立了基于不同兵种、技能的魏武卒。

公元前389年，秦惠公率50万秦军伐魏，试图夺回被魏国占领的河西。吴起率领5万名（此前完成训练但未曾上过战场的）魏武卒及3000骑兵应战，在阴晋大破50万秦军，创造了历史上著名的以少胜多战例。

魏文侯去世后，魏武侯继位，吴起仍然镇守西河郡。魏武侯曾以吴起为将伐齐。吴起率领魏武卒击败齐军，并越过齐国长城，攻占齐国灵丘一带。魏武卒声名大震，一时天下无敌，威震诸侯。

魏国任用吴起，成为战国初期最先崛起的诸侯，一时成为战国七雄之首。《吴子兵法》称吴起“与诸侯大战七十六，全胜六十四，余则钧解。辟土四面，拓地千里，皆起之功也”。但后来因小人中伤，吴起失去魏武侯信任[①]。魏武侯开始怀疑吴起，派人去解除吴起的兵权并召他回魏都。吴起为自保，含泪离开魏国。临行前感叹：“主君知我而使我毕能，十年之内，吾可西灭秦而使我大魏王天下。今君听谗人之议而不知我，西河之为秦取不久，魏从此削矣”[②]。吴起走后，魏国果然逐渐走向衰落。

吴起从魏国来到楚国。“楚悼王素闻起贤，至则相楚。明法审令，捐不急之官，废公族疏远者，以抚养战斗之士。要在强兵，破驰说之言从横者。於是南平百越；北并陈蔡，却三晋；西伐秦。诸侯患楚之强。”[③]

吴起在楚国变法后，楚国很快强大起来，东征西讨、南征北战，一时无敌。可惜，吴起变法只实施了五年，楚悼王就死了。由于变法严重损害

---

① 《史记·孙子吴起列传》记载魏相国公叔痤阴谋挑拨吴起与魏武侯的关系；《吕氏春秋·仲冬》记载，在魏武侯面前中伤吴起者，是魏武侯巡视西河时因拍马屁被吴起斥责过的王错，《战国策·魏策一·魏武侯与诸大夫浮于西河》记录此人为王钟。

② 吕不韦著：《吕氏春秋·仲冬纪·长见》。

③ 司马迁著：《史记·孙子吴起列传》。

了楚国贵族们的利益，在楚悼王刚死、吴起忙于处理其后事时，贵族们突然发动叛乱，杀死了吴起。楚国的变法就此终止，从此再也没有重返强国的舞台。

用一人可以兴邦——吴起的经历实证了他能力之强。小小的鲁国用吴起指挥作战，结果打败了强大的齐国。要么鲁国的大臣过于妒贤嫉能，要么鲁国君中了魏国的离间计，吴起立功后竟被辞退；吴起担任魏国主将、西河郡守后，忠心耿耿效力 30 多年，并助力魏国成为战国七雄之首，但吴起一直没有得到重用①；后来吴起到了楚国，迅速得到楚悼王重用，成为令尹（相国）主持楚国变法，虽然只持续了 5 年，却使楚国由弱转强，威震诸侯。作为战国初期卓越的军事家、政治家，吴起的远见卓识和军事造诣在当时无与伦比——无论他来到哪个国家，只要用他，国家就会迅速强大甚至无敌于天下。这就是卓越人才的力量。

中国经济经历了 40 多年的高速发展，各个行业都涌现出不少先进的技术、装备、产品及高科技人才，令世界瞩目。但是，我们在芯片、高端制造等诸多高科技领域仍被欧美卡脖子，主要因为这方面的人才、技术积累不够。

【案例】华为②

华为创立于 1987 年，开始时只是香港某公司的交换机销售代理。1989 年后，华为开始自主研发交换机等通信设备，逐渐发展成为一家通信设备供应商，并大力拓展国内外市场。

此后，华为一直坚持加大技术研发投入。1999 年，华为已在国内多地设立研发中心，并在印度班加罗尔设立首家海外研发中心，该中心获得 CMM5 级认证，成为中国移动全国智能网（该网络是当时世界上最大和

---

① 《史记·孙子吴起列传》记载“魏置相，相田文。吴起不悦……”。

② https：//baike.baidu.com/item/ 华为技术有限公司 /6455903.

最先进的智能网络）的主要供应商，并协助拿下了越南、老挝、柬埔寨和泰国的 GSM 市场。2000 年，华为在瑞典斯德哥尔摩、美国硅谷和达拉斯设立研发中心；2004 年，华为与西门子成立合资企业，针对中国市场开发 TD-SCDMA 移动通信技术；2007 年，与赛门铁克成立合资公司，开发存储和安全产品与解决方案；2008 年华为共递交 1737 件 PCT 专利申请，申请数量排名当年全球第一，其中 LTE 专利数占全球 10% 以上；2010 年 9 月，华为推出天翼 3G 智能手机；2012 年 2 月 26 日，华为发布了第一款搭载自研四核中央处理器的手机，该处理器由华为旗下子公司海思自主设计，是 2012 年业界体积最小的四核处理器；同时，华为也成为国内第一家推出自研移动中央处理器的手机厂商，对于打破高通、德州仪器等美国芯片巨头的垄断具有重要意义；此后华为推出了著名的自主研发、设计的麒麟芯片，性能更加强悍，跻身全球顶尖手机芯片行列，一举将华为手机推上全球舞台；2013 年，华为发布 5G 白皮书，积极构建 5G 全球生态圈，并与全球 20 多所大学开展紧密的联合研究，对构建无线未来技术发展、行业标准积极贡献力量；2014 年，华为已在全球 9 个国家建立 5G 创新研究中心，全球研发中心总数达到 16 个、联合创新中心 28 个；2015 年，华为以 3898 件专利申请位居榜首；2017 年年初，华为明确了公有云战略；2018 年 10 月 10 日，华为推出自动驾驶的移动数据中心；2019 年 8 月，华为推出鸿蒙操作系统……

华为坚持每年将 10% 以上的销售收入投入研究与开发，近 10 年累计研发投入竟超过 7200 亿元！其 2020 年年度报告显示：

当年研发总费用为 1418.93 亿元，占销售收入 15.9%；

全球从事研究与开发的人员约 10.5 万名，约占公司总人数的 53.4%；

全球共持有有效授权专利 4 万余族（超 10 万件），90% 以上专利为发明专利，是全球最大的专利持有企业之一。

巨大的研发投入为华为带来了领先的人才、技术优势和竞争优势。华为海思先进的芯片技术甚至威胁到了美国芯片企业的领先地位，华为因而遭到美国政府的封杀，这在世界科技发展史上是罕见的。封杀虽然重创了华为的手机业务，但是并没有全面扼止华为前进的脚步，其雄厚的技术积累使得华为保持5G领域强劲竞争优势的同时，还进入了自动驾驶、操作系统等市场。2020年，华为实现销售收入8914亿元、净利润646亿元，同比分别增长3.8%、3.2%，在美国封杀叠加新冠疫情的艰难困境中仍然保持了正增长。

人才、技术的领先将推动企业的装备、工具、产品等全面领先，推动市场范围和体系的拓展，更好地助力技术优势转化为价值，从而在竞争中确立优势地位；反过来，市场影响力（包括网络时代的流量等）是为企业创造价值、将产品技术变现的重要资源，它们是以网红、大V、活跃平台、粉丝等具体载体呈现的，打造网红、大V、活跃平台、海量粉丝同样需要技术——研发产品需要技术，拓展市场同样需要技术；研发人员是人才，市场人员也是人才。薇娅、李佳琦、辛巴等直播带货网红，都能给企业产品促销带来巨大的流量和销售量，甚至超过了诸多上市公司的业绩。

总之，人才、技术、市场等资源常常能够构成企业的核心竞争力，有助于构建竞争壁垒，是企业不可多得的宝贵资源和战略选项。

1.2.3 资本

市场经济本质上是资本推动的经济体系，资本无疑起到很重要的作用：缺乏关系，资本可以助力打通关系；缺乏人才、技术，资本可以助力“买来”人才和技术；缺乏市场，资本可以助力“烧钱”营销打开市场……有了足够的资本，似乎多数难题可以迎刃而解。

因此，拥有资本优势、实施资本领先战略可助力企业快速发展。

（1）股权融资

过去的20年，是中国互联网和移动互联网高速发展的20年，也是股权融资高速发展的20年。很多企业实施资本领先战略创造了超高速发展的神话，用几年时间就取得了传统企业需要数十年才能实现的成就。

【案例】中国网约车龙头滴滴出行

网约车模式最早由优步推出，但是优步在运营过程中，在全球很多国家都遭遇到政策困境。易到用车 2010 年创立，是中国最早的网约车企。2015 年，乐视网投资 7 亿美元获得易到 70% 股份、控股易到。此后，由于乐视网爆发债务危机，易到受到牵连、融资陷于停滞，甚至一度曝出资金链断裂危机。

滴滴出行（以下简称“滴滴”）2012 年创立，2014 年开始显著加大了股权融资力度，在软银、阿里、腾讯、高瓴、红杉、金沙江创投等众多投资机构的加持下，2014—2017 年滴滴分别完成股权（增发）融资 8 亿美元、31.4 亿美元、63 亿美元、95 亿美元，凭借雄厚的资本优势开打补贴大战、抢夺市场。在合并快的和优步中国后，滴滴一跃成为中国网约车行业龙头企业。

滴滴的高速发展，无疑是实施股权资本领先战略的结果；回过头来看，滴滴在几个核心要素上符合投资机构的条件：

❖ 商业模式发展空间大

即“赛道”足够好。网约车作为新兴起的智能出行模式，有望实现对出租车行业传统“扫大街”模式的颠覆，市场空间巨大。

❖ 创始人足够牛

滴滴创始人程维曾在阿里巴巴集团任职 8 年，在区域运营和支付宝 B2C 业务上取得了成功的管理经验，积累了不少投资行业的资源。

❖ 核心团队很“能打”

2012 年 6 月，滴滴创立；8 月，滴滴谈成第一家合作公司——北京昌平银山出租车公司；9 月 9 日，“滴滴打车”APP 上线，并于年底前升级迭代三次；2013 年艾瑞咨询发布的出行软件行业报告中，滴滴的市场份额已达 59.4%，超过其他所有出行软件市场份额之和；2014 年 3 月，滴滴的用户数超过1亿，司机数超过100万，日均订单达到521.83万单，成为移动互联网行业最大的日均订单交易平台①……

相对而言，网约车行业的技术复杂度不太高，属于资本密集型行业。因此，拥有赛道、创始人、核心团队优势的滴滴很快赢得了投资机构的青睐，从而建立了资本领先优势。

股权融资以出让公司股权为交易筹码引入资本。正常的股权融资无需还本付息，将助力公司快速扩张，阿里巴巴、京东、小米、滴滴、美团等诸多互联网公司都是借助股权融资战略超高速发展起来的。

那么，不正常的股权融资会带来什么后果呢?

众所周知，张兰创建了“俏江南”，但在融资对赌中输给鼎晖，最后被迫离开了俏江南；李途纯打造了“太子奶”，但在融资对赌中失败，也丢掉了自己创立的品牌。

这两家公司原本都在各自的领域独领风骚，却都因为股权融资风险失控导致创始股东失去了公司，令人唏嘘。然而这还不是最惨的，王思聪因为旗下公司股权融资而背上巨额债务。

【案例】股权融资失控，大股东背上巨额债务

2015年7月，熊猫直播创立。其融资记录如下：

2016年9月完成6.5亿元A轮融资，由乐视网、博派资本、辰海投资、奇虎360等投资；

2016年11月，奇虎360追加投资；

2017年5月初，完成B轮融资，由品今控股、真格基金、博派资本投资；

2017年5月底，完成10亿元B+轮融资，由兴证资本领投，汉富资本、沃肯资本、光源资本等5家跟投。

---

① https：//baike.baidu.com/item/滴滴出行/18596106.

抖音、快手等短视频平台在 2017 年突然崛起后，资本开始追短视频、冷落直播平台，熊猫直播此后再没有融资记录。

2019 年 3 月 8 日，熊猫直播宣布关闭。当年 11 月，网曝王思聪被熊猫直播某投资机构起诉成为失信被执行人，被限制高消费的同时，名下的资产也遭到冻结。原来，熊猫直播的倒闭，触发了其股权融资对赌协议中王思聪与投资机构签订的连带担保条款！

后来，王思聪与熊猫直播的投资机构达成协议，王思聪的普思资本及本人将承担熊猫直播全部 20 亿元债务！

对股东而言，有限公司的魅力在于责任有限、利益无限。然而，如果在股权融资过程中签署了连带担保、股权回购等对赌条款，意味着该部分股权在条件触发后会变成债权，有限责任的防火墙就会被推倒，股东承担的责任就会被放大！股权融资是双刃剑。

（2）债权融资

与正常情况下无需还本付息的股权融资相比，债权融资的成本高且有意外集中兑付的风险。债权融资的方式包括：（银行或金融机构）抵押或质押贷款、债券融资、优先股融资、可转债融资、借款、融资租赁等。

资产负债率（总负债 ÷ 总资产）衡量公司的整体负债水平。从公司的经营角度来说，在扩张期，老板们当然希望资产负债率越高越好，因为负债并不稀释股东的股权，只要债务成本（利息）低于公司的经营回报，公司的收益和股东权益就会（借助债务杠杆）得到放大；此外，由于债务利息可以在税前扣除，能够降低公司的税收支出。国内实体类上市公司过去数年的平均资产负债率约为 61%（其中房地产、建筑业上市公司的平均资产负债率均超过 70%）。《世界上市公司数据库》的数据显示，G7 国家上市公司的平均资产负债率分别为：美国 33%、德国 32%、日本 26%、英国 29%、法国 33%、意大利 39%、加拿大 35%，西方企业的负债水平远低于国内企业。从公司的经营风险来说，资产负债率过高存在很大的隐患：

如果流动性出现问题，例如贷款政策突然收紧、债权人要求提前归还债务或者经营性现金流出现异常时，如果流动资产、存货等不能快速按预期变现，公司就会无法按期偿债、造成债务违约，会给公司信用带来严重影响，甚至给持续运营带来灭顶之灾。一个去杠杆政策，就把万达、海航等从发展的神坛上拉了下来，二者均不得不甩卖资产续命，后者甚至陷入破产重整的泥潭。①

尽管债权融资与股权融资相比有成本高的劣势，但是债权融资不稀释股东的股权，这意味着：当公司的赢利能力超过举债成本时，债权融资将放大股东的权益、是比股权融资更好的选择。高峰时期，国内房地产企业的平均资产负债率超过 80%，去杠杆等政策实施后才逐渐降到 70% 左右的水平。在房地产行业红火时，债权融资助力一个又一个的房地产老板们成为富豪，万达王健林、恒大许家印等甚至先后问鼎中国首富。但是，债权融资同样是双刃剑。

在贷款政策变化等情况发生时，负债率高的企业如果同时遭遇销售不畅、导致现金流紧张，则很可能出现债务违约风险，企业会遭遇危机。万达、富力、海航、华夏幸福、恒大等曾经风光无比的企业都经受了高负债率之痛。

（3）股权与债权的辩证法②

股权融资意味着资本金的增加，如果公司运营效率高，增长速度将加快，公司赢利或估值水平会被放大，实现资本杠杆推动公司高速发展；反过来，如果效率不够，公司可能白白“烧钱”，估值会下降，将导致前期部分投资者出现账面投资损失。由于股权投资有别于债权、没有归还的义务，为了控制风险，越来越多的投资机构在投资时附加对赌协议条款，设置大股东的股权回购义务，当公司出现设定情况时，大股东有义务回购投资机构的股权，回购价格通常在原投资额的基础上还要加上利息。这样一

① 于胜著：《SPAC 特快上市指南》，中华文化出版社 2021 年 4 月第 1 版，第 181 页。

② 于胜：“股权与债权的辩证法”，微信公众号“新战略家”文章。

来，当公司运营效率欠佳后，对赌协议的回购义务条款被触发，股权就会变为债权！

由于公司此时往往资不抵债，大股东需要承担连带责任。王思聪就这样背负了熊猫直播 20 亿元的债务。

对公司来说，举债意味着财务成本的增加，但是借入了资金、投入到运营中，如果效率高，运营产出足以覆盖财务成本，赢利水平会被放大，公司就会借助财务杠杆而加快增长速度。反过来，如果效率不够（包括销售回款慢导致的现金流不够），公司可能会被财务杠杆反噬。

当公司运营出现问题、无力偿债时，债权可以变成股权，即债转股。对于有限公司而言，如果破产且原股东完成出资义务，破产清算时债权人未必能拿回资金，因为届时公司常常已资不抵债。债权变股权是无奈之举，惟寄望公司重整后东山再起。或许债权人满腹的不情愿，事实上债权若想转成股权，认定手续和过程在实践中并不容易。

总之，在公司实施资本领先战略的过程中，股权与债权犹如两极，都起到杠杆作用，在公司高效成长时，会形成分红和估值增长、再融资或还本付息再举债的良性循环；当公司效率不足时，则很可能造成杠杆反噬，甚至导致股权与债权的相互转化、公司遭遇运营风险。

综上所述，发挥资本的正向作用、抑制其副作用尤为关键。那么，如何科学地发挥其正向作用、避免副作用呢？

本质上，无论股权还是债权融资，能够取得良性循环的关键在于公司的运营效率，即投资回报率 > 利率（或预期的财务回报比率、举债成本）：$ROI>r$；当公司暂未实现赢利时，投资回报率短期内或为负值，可用年化的估值增长率替代投资回报率。这是衡量一笔资金或资本能否取得正向收益的标尺，也是衡量公司是否健康的标尺。如果公司的投资回报率长期无法跑赢举债成本，则资金链断裂，公司不可持续是迟早的事；如果公司的估值增长率有限且未能及时调整战略加以改善，则公司融资困难，资金链断裂或是迟早的事。当然，计算这些比率时还应考虑经营性现金流情况，即考虑真实的而非账面回报率，否则，空有存货或应收账款、难以换回现金也会引发流动性危机。

因此，何时举债或融资扩张、何时收缩财务杠杆虽然看起来是艺术，其实有其技术标尺。这个标尺决定了融资或举债的必要性和时机。如果效率不足，应优化战略、运营等；无视这个标尺、凭感觉任性举债，即使暂时成功也有很大的运气成分，日后出问题将是大概率事件。

科学地实施股权、债权融资，处理好股权与债权的辩证关系，充分发挥资本领先战略的杠杆优势，将助力企业更快速地发展。

（4）金融工具

资本领先战略的另一种形式是合理利用金融工具平抑原材料、产成品、利率、汇率等的价格波动，从而实现股东收益最大化。这些金融工具包括：期货套期保值、外汇远期、债务替代融资等。

❖ 套期保值

绝大多数国内企业面对这样的现实：自己对产品和原材料都缺乏定价权，即产品价格由市场主导，涨价太难；而原材料价格常常受国际、国内期货市场影响。

原材料价格如果不断上涨将直接推高产品成本，而产品市场定价权的缺失意味着可能挤压企业的利润。也就是说，原材料上涨的成本不得不自行消化，难以及时、有效地转嫁给消费者。对生产型企业来说，可以对原材料或产品进行套期保值以应对原材料价格上涨风险和产品价格下跌风险带来的利润损失，从而锁定利润率。

国内期货市场已经交易的期货品种逐渐增多，农产品、化工、工业品等多数涉及企业生产的原料都有期货合约在交易。这就使得企业以较低的代价进行套期保值成为可能。

假设一个以螺纹钢为原材料的施工企业，对投标项目当前的利润率基本满意，但是很担心下半年螺纹钢涨价后吞噬企业的利润。目前螺纹钢市价 4310 元 / 吨；下半年期货市场螺纹钢主力合约 SB1210 当前价格为 4360

元。企业预计下半年螺纹钢用量为 1000 吨。则企业可以按照下面的步骤操作：

分期买入 SB1210 合约 100 手（每手 10 吨），平均 4360 元 / 吨，需投入保证金：4360×100=43.6 万元。

在下半年采购螺纹钢前，分批卖平仓期货合约：如果届时价格上涨到 4500 元 / 吨，则期货合约平仓产生 14 万元赢利，这部分赢利抵消了在现货市场采购时价格上涨多支出的费用；如果价格下跌了，则期货合约平仓会产生亏损，但是现货市场采购的价格亦将低于当前的市场价格，采购时节省的资金冲抵了期货平仓的亏损。

这样一来，利用期货市场 10% 保证金机制，以较少的资金规避了涨价风险，锁定了企业的预期利润率。

此外，一些企业可以通过在期货市场相近产品的卖出交易规避产品价格下跌风险。以钢铁企业为例，如果市场预期螺纹钢价格可能会下跌，将给生产厂利润带来压力。下半年期货市场螺纹钢主力合约 SB1210 当前价格为 4360 元。企业半年产能约 500 万吨。则，企业可以：分批在期货市场卖出 SB1210 合约 50 万手（每手 10 吨），平均 4360 元 / 吨，需投入保证金：4360×50=21.8 亿元。下半年卖出钢材前分批买平仓期货合约。如果届时价格下跌到 4300 元 / 吨，则期货合约平仓会产生 3000 万元赢利，这部分赢利将平抑现货售价下跌产生的潜在损失；反之亦然。使用套期保值工具时应注意两个前提：锁定利润比例，如果当前的利润率为负则不应使用，否则无异于锁定了亏损；套期保值数量与采购或销售量相匹配。

❖ 外汇远期

对贸易型企业来说，对外报价多采用美元，因我国实施强制结汇制度，出口企业收到的是人民币。如果人民币总体处于升值趋势中，则汇率的变化很容易吞噬外贸企业的利润空间。因此，外贸企业需要通过外汇市场规避汇率波动风险。

例如：某企业明年 6 月份要交付一批产品，并收入 100 万美元（按当前外汇牌价结汇可结：6.5235×100 万美元 =652.35 万元人民币）。按目前的汇率计算，这笔订单略有赢利。但是企业担心人民币的升值风险，6 月远期人民币牌价为 1 美元兑 6.385 元，因此，可以按现价 6.5235 卖出 100 万美元的外汇远期，当 6 月份收汇时，如果人民币果然上涨至 6.385，则只能结汇 638.5 万元；但是外汇远期买平仓后的赢利可以弥补结汇的损失。

利用期货和外汇市场的金融工具进行套期保值，是欧美国家众多企业都在普遍采取的方式，但是国内的中小企业使用尚不普遍。随着全球经济一体化的持续进行，金融市场的影响力越来越大。我国企业的高层财务管理者应该学习、使用类似的金融工具，帮助企业规避价格波动风险，锁定来之不易的利润。

（5）资本市场

当公司通过 IPO（首次公开发行股票募集资金）或 SPAC 特快上市[①] 等模式登陆资本市场，公司本身就成了一个资本平台，融资渠道、手段变得多样。例如：

❖ 增发股票融资：上市过程以及后期扩建项目、并购等，都通过增发股票快速融资。

❖ 债权融资：包括资产质押融资、大股东股票质押融资等。

❖ 债券融资：上市公司可以发行固定利率的债券融资，到期还本付息。

❖ 优先股融资：上市公司可以发行优先股（本质上是一种特殊的债券）融资。

❖ 可转换债券融资：上市公司可以发行可转换债券融资。可转换债券是持有人可按照发行时约定的价格将债券转换成公司普通股票的债券。如果债券持有人不想转换，则可以继续持有债券，直到偿还期满时收取本金

---

① 于胜著：《SPAC 特快上市指南》，中华文化出版社 2021 年 4 月第 1 版，第 2–4 页，并购空白支票上市公司实现快捷上市的模式。

和利息，也可以在可转债流通市场出售变现。[①]公司股价持续上涨时，相当部分的可转债持有人会将其转换成股票——转股的部分，公司不必再支付本金和利息，这正是可转债的魅力所在。

因此，公司上市后，实施资本领先战略将更加得心应手。由于国内以及全球各地不同的证券市场，上市难度、管理制度等各有不同，上市目的地的选择本身就成为公司的战略性大事件。

为此，整理了22个比较项目，分别对国内上市和海外上市的优劣势进行定性比较，如表1–1所示（每一比较项目中对企业最有利的加注√）：

表1–1　国内上市、海外上市优劣势比较表[②]

国内IPO上市		比较项目	海外IPO上市
科创板、创业板	沪、深主板		美国、香港等国际一线交易所
注册　√	审核	基本制度	核准备案　√
较高　√	高	IPO上市标准和难度	较高　√
高	高	显性上市成本	高
较高（有不盈利标准）	高（补税等）	隐性上市成本	低（搭建离岸架构等）√
较高	较高	公司改制成本	无（国内实体无需改制）√
较长	长	IPO所需时间	相对较短，约12个月　√
强	强	IPO募集资金能力	很强　√
较高	较高	上市的国内市场影响力	较高
一般	一般	上市的国际市场影响力	较高　√
影响很小	影响很小	上市对国际资产配置的影响	有利　√
一般　√	一般　√	上市后监管力度	严格
相对较小　√	相对较小　√	违规违法处罚力度	大
难	难	定增等再融资获批难度	不难　√

① 于胜著：《股权最重要的事》，中国人民大学出版社2020年1月第1版，第279页。
② 于胜著：《SPAC特快上市指南》，中华文化出版社2021年4月第1版，第45页。

续表

国内IPO上市		比较项目	海外IPO上市
科创板、创业板	沪、深主板		美国、香港等国际一线交易所
较低 √	较低 √	上市后审计等项目维持成本	较高
聘任，适中 √	聘任，适中 √	独立董事成本	聘任，高
可由副总兼任，中等√	可由副总兼任，中等√	董秘成本	聘任，高
强势 √	强势 √	公司在与投资者关系中的地位	相对弱势
高 √	高 √	非知名企业交易活跃度	一般
高 √	较高	非知名企业估值	一般
中（融券业务）√	中（融券业务）√	潜在的做空力度	大（存在职业做空机构）
低	极低 √	上市后摘牌/强制退市的概率	较高
高	高	退市后再上市的难度	不高（达到标准可申请恢复）√
11	9	合计：有利项目的数量	10

由上表比较结果看，其实国内、海外上市在伯仲之间，科创板、创业板虽然以11项占优胜出，并非意味着国内证券市场更好，而与比较项目的设置和打分角度有很大关系——客观地说，监管严一些、保护投资者的力度大一些是否是更严谨的市场呢？而且，国内上市占优的项目主要集中在IPO后，海外上市占优的项目则主要集中在IPO前。单从上市过程来看，似乎海外上市更具优势。

上表中比较项目的设置、比较的结果仅能作为有限的参考，公司应结合自己重点关注的项目去进一步比较、统计，并最终确定最有利于自己的上市目的地。

坦白地说，如果公司自身条件在国内、海外都能够上市，且主营业务的目标市场主要集中在国内，所处行业也是政策鼓励的行业，无疑应首选在国内上市——尽管国内上市的过程更长、更煎熬一些，上市的代价更高一些，但是相对来说国内市场监管力度不像海外市场那样严格，公司在国内一旦上市，虽不能说万事大吉，但是只要不恣意妄为，暂时可谓高枕无忧，且维持成本更低。不像海外市场，上市后既有“婆婆”严格监管，又有做空机构虎视眈眈……

总之，资本领先战略涵盖了先天资本实力、后天股权融资能力、债权融资能力、熟练使用金融工具的程度等多个方面。

1.2.4 土地、矿产

土地、矿产资源优势是一种典型的要素禀赋。

丰富的土地、矿产资源所在地不仅能够诞生大型的组织，甚至能够制造、养活一座城市。新中国诞生后，多少钢城、煤都、石油、有色之都拔地而起，富足一方经济之余，也为国民经济的发展做出了巨大贡献。反过来，当某些地区的矿产资源耗尽、优势不再，如果没有及时转型，很可能不复之前的繁荣景象。

总体而言，在矿产资源优势明显的地区，由于具有资源成本优势，因此（从事与之相关的行业）将更容易快速做大、做强。

“山西煤老板”群体就是实施矿产资源领先战略的典型代表。

对处于高速成长期的房地产企业来说，拿地战略在相当大程度上决定着未来的业绩。

【案例】碧桂园逆袭万科成为房地产龙头

万科曾经是全球最大的房地产企业，后来引入央企中国华润作为公司第一大股东，看好的无非是华润的拿地、政府关系等资源优势。

2015年，爆发了宝能、万科控制权争夺战[①]。王石、郁亮忙于控制权的同时，万科的业务也开始收缩。此时的碧桂园等房企没有战略收缩，而在全国大举拿地。

---

① 于胜著：《股权最重要的事》，中国人民大学出版社 2020 年 1 月第 1 版，第 105–107 页。

2016年，恒大、碧桂园分别以2.29亿、1.66亿平方米的土地储备面积超越万科的1.13亿平方米。当年，房地产市场量价猛增，多地房价创下历史高点，恒大、万科、碧桂园的年销售额均超3000亿元，分列房地产业前三名，万科被恒大拉下“王座”。

2017年，房地产业前三名的顺序又发生了改变，碧桂园、恒大、万科的年销售额分别为5807.7亿元、5104亿元、5016.5亿元。碧桂园从此以显著的领先优势成为全球房地产业龙头。

万科此后开始大举拿地（或通过权益合作增加项目）、追赶。2020年，碧桂园、恒大、万科的年销售额分别为7493.6亿元、6964.7亿元、6920.5亿元。

迄今，碧桂园是全国土地储备布局最广泛的房地产企业。截至2021年6月底，公司业务已覆盖中国内地所有省份的296个地级行政区、1408个区县。

著名国际评级机构惠誉认为，“碧桂园强劲的业务状况体现为其丰富的土地储备，从而在适应市场变化方面表现出色；其土地储备和产品保持多元，有助于确保销售业绩在各商业周期保持稳定。”

而万科，仍在奋力追赶。

碧桂园适时加大土地资源储备，超越万科、成为行业领军者，无疑值得点赞。从另一方面看，任何战略都有其适用的条件。当条件发生明显变化时，战略若没有及时调整，将带来副作用。房地产不可能永续高速发展，将逐渐沦为周期行业，下行或调整周期到来时，房企的新房销售和现金流将遇到困难，从而影响债务信用，通过高负债赢得的过量土地资源储备可能会反噬企业。

1.2.5 其他资源

关系、人才/技术/市场、资本、土地/矿产等不足以覆盖所有的资源类型。各类不同的资源类型，不是相互割裂、相对孤立的。在社会分工日益细化的今天，综合土地、人才 / 技术 / 市场、供应链等因素在内的资源配套本身也是一种优势。例如，珠三角在全球电子、电器生产制造领域享有配套资源优势，在这一地区从事电子、电器等相关行业能够有效借助其供应链和配套资源优势，更容易生存、发展。

土地 / 矿产、资本、人才 / 技术 / 市场等资源相对较"实"，关系、资源配套等相对为"虚"，但仍有迹可循；还有一种资源，惚兮恍兮若有若无，那就是"势"。势，在市场竞争中，首先是指宏观环境、行业政策、市场响应等形成的大趋势。老子曰："人法地，地法天，天法道，道法自然"，倡导自然而然，那么顺势而为称得上自然而然了，反其道而行之则会艰难、降低效率。除了大趋势，"势"还包括组织内部营造的小趋势。《孙子兵法·势篇》曰："激水之疾，至于漂石者，势也""善战人之势，如转圆石于千仞之山者"，强调战略实施过程中"择人任势"的重要性——天时地利人和则顺势而为，不顺则借助奇正、虚实、利害等造势。即：有势则顺势，无势则造势。

1998 年开始，中国结束福利分房、步入商品房开发时代，给房地产企业营造了大势，10 多年时间里就造就了诸多房地产公司及相关产业富豪；20 世纪 90 年代，马云在美国看到互联网应用的发展前景，回到国内开始奔走、造势，从中国黄页到阿里巴巴，从淘宝到天猫，从支付宝到蚂蚁金融，打造出一个互联网生态；诺基亚在功能手机时代称雄全球，其势如日中天，原本并不生产手机的苹果公司另辟蹊径，以 iPhone 营造了智能手机之势，小米等顺势而为，智能手机之势迅速取代了功能手机，诺基亚、摩托罗拉、索爱等原有的手机巨头竟被横扫。势者，风也，"站在风口，猪也能飞上天"。

对高手来说，有势，则借势、顺势而为；无势，则造势、为己所用。

老子曰："反者，道之动；弱者，道之用。天下万物生于有，有生于无"，充分揭示了趋势从无中生有到势尽则返的周期性。因此，实施趋势领先战略应重视和评估趋势本身的变化。

总之，实施资源领先战略过程中，拥有资源，利用、巩固资源；缺乏资源，整合资源；没有资源，拓展、创造资源。

1.2.6 资源的特性

资源有很多类型，每种类型的资源都有其特点，从而导致了资源在转化为组织价值的过程中，存在可靠性和确定性方面的差异。如图 1–4 所示：

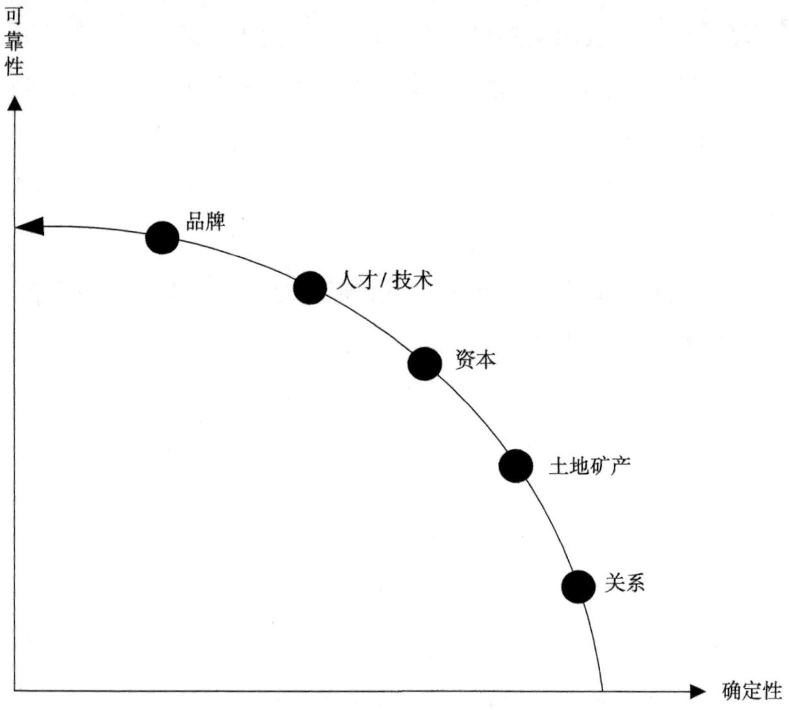

图 1–4　资源特性示意图

关系的确定性最强，但是可靠性、稳定性相对较弱；品牌打造成功的难度最大、确定性差，但是一旦打造成功，其可靠性和稳定性最强；其他资源类型则居于两者之间。

如果有一个很好的关系资源，能够提供一个比较有保证的项目，但不能保证以后还能够继续提供类似项目，即缺乏稳定性。在这种情况下，是否值得应用资源领先战略搏一把呢？如果此时没有更好的机会，为什么不呢？！所谓“见利不取，非义也”，在商言商，没有比确定性的机会更好的事情了。战略，不一定非要跨越很多年的周期；相反，在变化越来越快的今天，战略的可行性周期也在缩短，需要及时根据持续变化的条件进行调整。因此，哪怕是短期的机会，终究比没有机会好，必要时不妨尝试。一方面，可以有效利用关系资源进入市场，并借机巩固双边关系，获利的同时为以后可能的合作奠定坚实的基础；另一方面，有了利润就可以在市场中寻找、发现新的机会，为开拓新的市场做准备。

从资源与竞争优势的关系看，拥有的资源若难以模仿和超越，意味着组织在一定时期内将拥有独特的竞争优势。理论上，土地厂房、矿产、生产设备等有形资源最容易被模仿甚至超越，壁垒有限；而关系、资本、人才、技术、市场、品牌等资源的模仿壁垒相对更高一些。随着科技的持续进步、人才流动难度的降低、私募投资行业的深入发展，资本、非发明专利技术、人才、技术等资源的壁垒会越来越低，社会关系的稳定性存在变数，因时间、价值和口碑积累形成的市场、品牌或许是最难模仿的资源。

因此，选择资源领先战略时，扬长避短、早做准备，评估资源的壁垒和时间长度，并在壁垒即将失效前及时调整战略，否则可能丧失已有的竞争优势，由领先者变成追赶者。

1.2.7 资源的强化与弱化

随着时间的推移，组织及其资源的状态会变化，竞争对手的状态也会变化，这意味着资源领先优势也是动态变化的。

各大知名房地产企业都是从一城一地做起，在发展中不断积累和拓展土地、人才、资本、关系等资源，最终发展成业务关系覆盖全国的大型组织，资源及其领先优势得到了强化和拓展。

雷军创立小米时，凭借自己的关系资源搭建了豪华的创业团队，确立了人才、技术资源优势；随着其他友商，尤其是华为在人才、技术研发上的巨大投入，小米在人才、技术资源方面已无优势；小米依靠海量的“米粉”和生态链构建了市场资源优势，华为则依靠领先的技术实力迅速赢得了“花粉”，而且覆盖甚至统治了安卓高端机市场，产品也已经多元化，甚至将人才、技术领先拓展到了操作系统、自动驾驶等更广阔的领域。

因此，在竞争过程中，资源优势的变化是一种必然，必须关注其变化趋势，并及时强化、拓展资源领先优势，否则，原有的资源领先优势会由绝对优势逐渐弱化为相对优势，最终甚至全无优势、失去竞争力（见图1–5）。

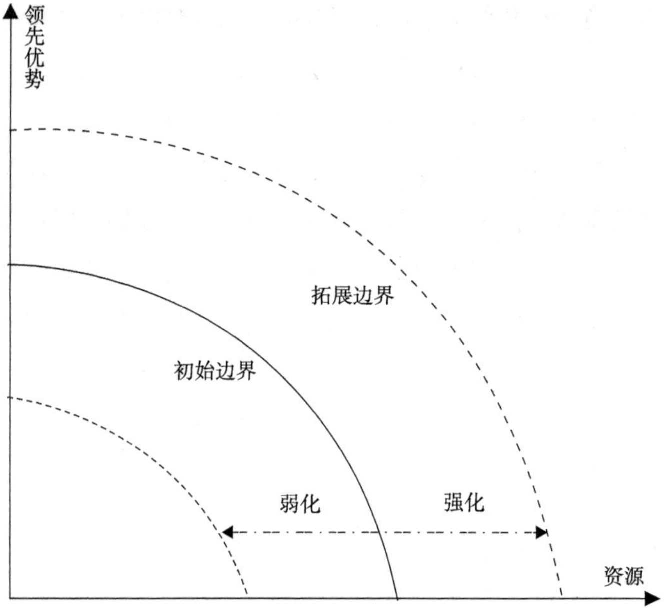

图 1–5　资源的强化与弱化示意图

因此，实施资源领先战略的组织，应注重资源及其优势的巩固、强化和拓展，否则在弱化过程中有可能逐渐丧失战略优势和市场竞争力。一言以蔽之：

拥有资源，利用资源；缺乏资源，整合资源；没有资源，拓展资源。

1.2.8 资源的绝对优势与相对优势

资源领先不仅仅包括绝对优势，也包括相对优势。绝对优势与相对优势是相辅相成的。多数情况下，相对优势的形成，是绝对优势累积的结果。

众所周知，中国现在号称世界工厂。20 年前的中国，制造和出口加工等行业以绝对的资源优势（劳动力等资源成本低）拓展全球市场，便宜就是中国制造的标签，有国际影响力但相对有限；今天的中国，劳动力、土地等资源成本相对东南亚等国家已无绝对优势，但是中国制造反而以质优价好成为最有影响力的名片，靠的是持续发展带来的完善的供应链配套等优势，即相对优势——在产业链分布的广度上，中国是全球唯一拥有全部工业门类的国家，包括 39 个工业大类、191 个中类及 525 个小类，除了极少数如尖端芯片等核心部件及其制造设备，中国几乎可以自主地生产一切。

在激烈的市场竞争中，绝对优势会逐渐弱化，取而代之以相对优势。

【案例】利亚德的绝对优势与相对优势

2012 年，LED 显示屏制造商利亚德实施技术领先战略，率先研发出小间距 LED 屏并推向市场，这种在同等尺寸下提供更高分辨率的大屏幕一经亮相，便惊艳市场，利亚德很快以超高的产品价格、利润率和品牌影响力从 LED 显示屏行业中脱颖而出，成为行业领军品牌。

行业其他厂商不甘落后，纷纷跟进研发小间距 LED 屏，并陆续推向市场。到 2017 年初，各种品牌的小间距 LED 屏开始充斥市场，LED 灯珠间距越来越小，单位价格逐渐走低，各大厂商产品的技术、质量趋于一致。洲明、艾比森等不断拿下国内外大型项目的订单，市场影响力逐渐提升。

此时的利亚德，不再拥有绝对的技术领先优势，而是将数年前的技术领先转化为品牌领先，保持着相对优势。

表 1-2　2012-2017 年部分上市公司 LED 业务营业收入表（亿元）①

公司 / 年度	利亚德	洲明科技	联建光电	艾比森	雷曼	奥拓电子
2012	5.46	5.23	5.30	6.24	1.80	1.43
2013	7.34	6.05	5.80	7.30	1.69	1.15
2014	9.69	7.98	6.27	10.13	2.71	1.78
2015	12.22	11.74	7.81	9.70	2.35	1.11
2016	18.06	15.88	9.35	11.05	2.78	2.60
2017	25.19	26.53	11.70	14.64	3.22	2.97

激烈竞争之后，绝对优势会逐渐弱化成相对优势；关系、资本、人才、技术、市场、品牌等各种类型的资源优势，并非孤立的，而可以相互促进和转化。

资源优势，可以强化，也可以弱化；可以拓展，也可以转化。组织推行资源领先战略时，要格外关注实施过程中绝对优势的强化、弱化过程，必要时应及时向更高壁垒的资源类型转化。

重视资源的强化、弱化和转化，才能使组织持续保持资源领先优势。

1.3 模式领先战略

模式是指参与竞争和发展的方式。

就市场竞争来说，模式既包括我们通常理解的商业模式，也包括进入新市场所选择的方式，如自主、合作、并购等。因此，模式关系到发展的方式、方向和路径，并深刻地影响管理体系。

企业实施模式领先战略意味着商业模式（产品技术或服务、市场体系、利润来源、供应链、客户体验等）或进入市场等方式优于对手。

当应用新技术、新系统后，常常会诞生新的模式。新模式往往产生惊

① 于胜著：《股权最重要的事》，中国人民大学出版社 2020 年 1 月第 1 版，第 300 页。

人的力量，对行业乃至社会产生较大的影响。

1.3.1 商业模式创新

商业模式是指企业获取客户、为他们提供服务并由此赚钱的方法①。

（1）产品与服务

产品、服务是组织服务用户并与之连接的接口。产品的提供方式包括完全自主研发和生产、完全委托开发和生产、部分自主部分委托等多种方式。在漫长的商业史中，产品或服务多数时间以看得见或摸得着的实体形式出现；现在，非实物甚至虚拟的产品和服务不断涌现，成为影响组织商业模式和战略的重要因素。因此，产品与服务的质量以及与之相关的用户体验等都构成商业模式的重要内容。

（2）营销体系

营销体系决定了获取客户的方式。以前，电视、报纸杂志、线下实体店等是获取客户最有效的方式，在相当长的时期内，电视是广告第一媒介。自 2014 年开始，网络取代电视成为最大的广告媒体②。这意味着中国企业的营销体系和广告媒介的重心已由线下转移到线上，引流、获客方式主要来自网络。

（3）市场销售体系

市场销售体系决定了组织如何将产品或服务交付用户。线下为王的时代，为了扩大市场影响力和产品、服务的覆盖面，分销或经销商制是降低投入的自然选择；如果希望加强渠道掌控力度，则可选择连锁经营模式以及衍生的加盟连锁模式；互联网在中国广泛应用后，线上交易模式颠覆了传统的线下销售体系，传统电商、社交电商、直播电商等线上销售模式不断涌现。

---

① 吉姆·米尔豪森著，傅靖瑛译：《商业模式设计与完善》，人民邮电出版社 2016 年 5 月第 1 版，第 3 页。

② 于胜著：《股权最重要的事》，中国人民大学出版社 2020 年 1 月第 1 版，第 235 页。

（4）盈利模式

盈利模式是组织获得主要收入和利润的方式，决定组织是否可持续。盈利模式会随着组织内外部条件的变化而迭代。以用户规模庞大的微信为例，最初微信只是一个免费社交平台，没有盈利模式；后来推出微信支付、收取转账手续费；现在，微信朋友圈的广告、小程序、商城等陆续推出，盈利模式也在持续变化①。

随着生态链的扩张、金融等服务的推出，小米的盈利模式也在持续迭代，由商城的主题产品、手机扩展到生态链产品、IoT 服务等。

【案例】小米的商业模式创新

2009 年 2 月 18 日，魅族基于 Android 系统的智能手机 M8 耀世而出，家家魅族专卖店门口都排起了购机的长队。M8 以中国智能手机先驱之势成功地叩开了中国市场——在上市 5 个月的时间里，M8 就销售了 5 亿元！后来小米进军智能手机市场，在商业模式方面进行了很多创新：

❖ 开创“橙色星期五”用户开发模式②

小米让用户来参与手机操作系统 MIUI 的研发工作！

MIUI 团队成立后，从各个开源技术论坛中筛选、邀请了 100 名种子用户参与 MIUI 的研发过程。为确保相关工作有序进行、提高研发效率，小米创建了“橙色星期五”研发模式。即：每周的五个工作日中，周一的工作内容为开发、周二为开发和体验报告、周三为开发和升级、周四为内测、周五发包，依此循环进行。每周五集成开发版发包，MIUI 论坛用户经历周六到周一的升级体验后，在 MIUI 论坛进行投票，周二生成体验报告——用户不仅使用产品，同时拥有了产品评价和研发升级的权利，用户成为真正的产品的主人。体验报告包含本期刷机心情、本期最有爱更新、下期 OTA 更新期待、本期最不给力更新四个项目的用户投票评选，因此

① 于胜著：《股权最重要的事》，中国人民大学出版社 2020 年 1 月第 1 版，第 227 页。

② 黎万强著：《参与感》，中信出版社 2014 年 8 月第 1 版，第 28 页。

被称为“四格体验报告”。就这样，MIUI 的每次发包、升级，都成为种子用户们期待的大事。

❖ 开创粉丝模式

100 个种子用户在参与升级、内测等工作过程中，获得了前所未有的工作体验和荣誉感。2010 年 8 月 16 日，MIUI 正式发布，当时 MIUI 论坛就只有这 100 个用户。然后口碑就这样从 100 个种子用户开始传播，越来越多的人成为“米粉”、关注 MIUI 项目。他们筛选出 1000 个用户作为“荣誉开发组成员”，被昵称为“荣组儿”，针对每一版升级的 MIUI 出品用户评测报告。MIUI 每个新版本公告中都会公开感谢当期提出有价值建议的“米粉”，认可他们的付出。一个用户致谢，“米粉”如果能上榜，将会感到多么的自豪！这是有他参与才研发出来的产品！于是，MIUI 论坛以 100 个种子用户为核心，1000 个“荣组儿”在外围推动，很快吸引了数以万计的活跃用户，形成了小米特有的粉丝模式——小米没做一分钱广告、没用任何流量交换，仅凭用户口碑传播，到 2011 年 8 月 16 日 MIUI 发布整整一周年时，已经有了 50 万用户。

看一下 MIUI 用户从 100 到 1 亿的发展历程示意图（见图 1–6），能够真切地感受到厚积薄发的力量，以及用户爆发式增长的力量。

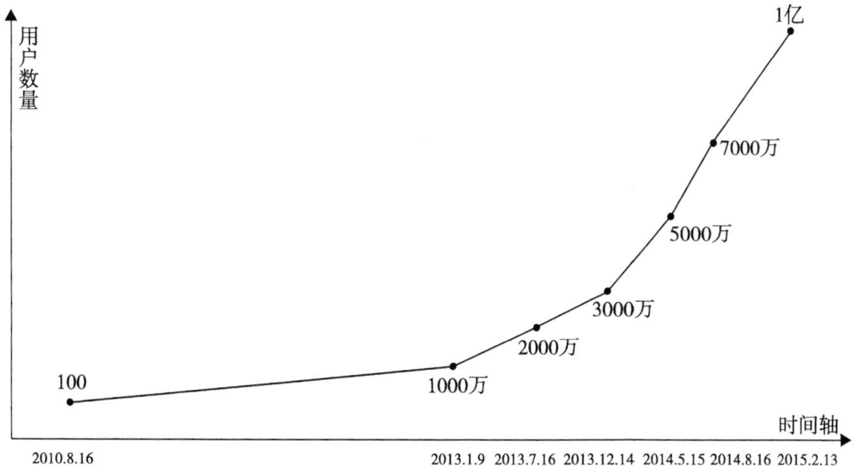

图 1–6 MIUI 用户从 100 到 1 亿的发展历程示意图

❖ 开创互联网卖手机模式

小米不是电商模式的开创者，却是互联网卖手机模式的开创者。

与苹果、三星、魅族等主要通过线下实体店销售手机不同，小米一开始没有采用线下模式，而是在雷军的坚持下采用了纯互联网电商模式——在线上的小米商城销售手机。雷军认为，用互联网模式砍掉所有线下渠道，可以节省大量成本，向用户让利；他坚称小米是一家互联网企业而不仅仅是手机企业。

互联网模式卖手机与雷军等领先的网络流量和市场资源完美结合。因此，这不仅仅是构想，而是相互打通、精心设计好的。这种模式下，拥有千万计粉丝的雷军，从微博里发一条消息就能够产生很好的市场效果，用线下卖场模式可能需要数千万元的营销费用；更何况，随着 MIUI 用户规模的不断增长，其本身已成为用户定位极为精准的网络营销平台。

……

小米没有止步于手机产品，而是把产品扩展到智能硬件、IoT 生态链产品；没有固守国内市场，产品已销往 100 多个国家和地区；没有固守线上市场，早已开始布局线下小米之家；盈利模式也随着产品和市场的迭代而持续迭代……它的商业模式创新之旅仍在进行。

小米是当之无愧的商业模式领先战略的实施者。

过去的 20 多年，由于互联网等技术在中国的广泛应用，商业模式创新成为这一领域最耀眼的存在，深刻地影响和改变了人们的生活方式、工作方式。

1.3.2 自主发展

是指企业自主完成产品研发、生产和市场体系建设。

传统的银行通常采用自主模式开通营业网点；公共服务如邮政、中石油和中石化及一些连锁经营品牌如家、小肥羊、海底捞等早期也采用自主模式扩张营业网点。

（1）完全自主

组织完全自主完成产品设计、研发、生产、销售和服务，在社会分工日益细化的今天无疑具有相当的挑战性。其优点是可控性强，一切尽在掌握，技术、数据出现泄密等问题的可能性低；缺陷是成本高昂，同时还意味着效率的降低。

【案例】中国体育彩票的崛起之路

1987 年，民政部福利彩票发行中心（以下简称“福彩”）正式成立，当年发行了中国第一张彩票、实现销售额 1739.5 万元。到 1995 年，历经数年的发展，福彩年销售额已达 57.3 亿元。

1994 年，国家体育总局体育彩票管理中心（以下简称“体彩”）成立，体彩开始走上中国彩票舞台与福彩竞争。1995 年，体彩实现 10 亿元销售额。

当时国内发行的彩票都是撕开或刮开型的即开彩票。由于创立时间更早，市场渠道力度大、合作伙伴富有经验，福彩在各地市场全面压制体彩。在这种背景下，体彩经过调研、分析之后，决定调整战略，在全国推出统一的计算机系统销售彩票（以下简称“电脑彩票”）。这一全新的模式是对已往彩票发行、销售和管理方式的全面颠覆。

与事先印好中奖票的即开型彩票不同，电脑彩票是先销售（彩民可以任意选择想购买的号码）后开奖，更公平；而且电脑彩票通过遍布各地的诸多网点长期销售，更加方便购买；最为重要的是，当时电脑彩票的大奖高达 500 万元奖金，比即开型彩票的实物奖品更具吸引力。虽然电脑彩票集众多优势于一身，但是，尽快设计、研发出功能完备的系统，并有效防止甚至杜绝内部作弊是摆在体彩设计、研发人员面前的难题。

1997 年初，体彩开始组织技术团队赴美国学习交流，设计、研发彩票系统。

1998年上半年，国内第一个基于分布式Oracle数据库的大规模交易管理系统——中国体彩系统成功完成中央数据中心及江苏省系统（包括首期数百个终端）的联网调试、运行。此后，体彩系统先后在上海、湖南等其他省、市、自治区开通运营。

由于电脑在当时还不普及，因此电脑彩票这种新的彩票发行和销售模式并没有被市场迅速认可，多数彩民采取观望的姿态。半年多以后，电视、报纸的持续宣传引导，各期摇奖、开奖工作的顺利进行以及累积的奖金越来越高，各种因素叠加在一起，电脑彩票逐渐获得彩民的认可和追捧，销量呈现显著增长的趋势。两年之后的2000年，体彩销售额达91.14亿元，首次超越福利彩票，由追赶者变成领跑者。

表1–3　1995–2001年中国彩票销售额（亿元）

年度	1995	1996	1997	1998	1999	2000	2001
福利彩票	57.30	64.75	36.38	63.20	104.44	89.88	139.57
体育彩票	10.00	12.00	15.00	25.00	40.36	91.14	149.29

体彩电脑彩票系统获得成功后，福彩急于挽回落后的局面，不甘心再花费一两年时间自主研发销售系统，于是授权各省区市自行寻找、选择彩票系统供应商，以尽快建设、开通电脑彩票系统。

反观体彩，因国家中心人力等所限，系统建设的效率并不高。截至2001年上半年我从国家体彩中心辞职创业前，全国仅有20多个省区市开通了电脑彩票系统；而福彩由于采取合作模式，到2001年底，开通电脑彩票的省区市数量和终端数量均已全面反超体彩。2002年，福彩以217.73亿元销售额力压体彩的167.99亿元，夺回原本属于自己的领先位置。

体彩系统在研发过程中，为彻底杜绝内部作弊，设计了一系列防作弊机制：

为防止自己作弊，国家体彩中心没有彩票销售和兑奖功能；

系统采用分布式 Oracle 数据库，中央系统可以有效监控各省区市的销售数据；

终端软件采用军方授权的加密技术在彩票票面上打印特殊兑奖密码，且后台数据库系统不存储该密码；

终端网点全国统一编号，每一张打印出的彩票可通过票面序列号等追溯；

终端销售采取时间许可机制，开奖前、销售截止后，终端机无法打印彩票；

……

由于系统自主设计、研发、管理，一系列先进、有效的机制杜绝了内部作弊行为，既保护了体彩的工作人员，更践行了彩票行业“公开、公平、公正”的立身之本。

而福彩，由于系统不统一且缺乏有效的内部监管机制，深圳市、辽宁等省先后曝出内部作弊和系统漏洞案件[①]。在巨大的利益驱使下，内部作弊、腐败最终蔓延到了福彩国家中心——2015 年，中纪委官方网站曝光国家福彩中心系统性腐败案，涉案数额惊人，相关人员被问责……

体彩与福彩电脑彩票系统的案例充分揭示了自主发展模式的优势与劣势，本质上，自主发展模式是在可控与效率之间的取舍。

（2）内部创业

在自主模式基础上，衍生出了内部创业模式：把企业的新产品或项目独立出来作为员工创业项目，企业与员工分享项目的成果。

技术驱动型、市场驱动型公司在推出新产品、新项目甚至进入新行业时愿意采用内部创业战略。万科、碧桂园等房地产企业针对新项目开发实施内部创业战略；海尔内部也设立了专门的创业基金，并与专业投资公司

① http：//www.icpcw.com/Information/cycf/News/3249/324908.htm.

合作，支持员工进行内部创业。

成功实施内部创业战略通常需要公司具备如下条件：公司具有较强的实力和技术积累、有容错文化、技术与营销结合较成功。

由于内部创业将使核心技术和市场人员获得较大利益上的好处，它将激发技术创新和市场拓展，并通过改善内部分配机制大幅降低公司推出新产品或实现多元化的成本①。

1.3.3 合作发展

组织在产品或技术研发、生产制造、市场等方面与其他企业合作或外包都属于合作发展模式。其优势在于发挥各自的优势，互惠互利，在实施得当的情况下，有助于推动组织快速走向市场。

（1）外包合作

随着社会分工越来越细，“让专业的人干专业的事”普遍得到社会的认同，合作发展模式的应用越来越普遍，很多大型组织推行外包战略，由此诞生了富士康等专门为其他企业提供外包生产服务的大型企业。

新能源汽车是当下的热点，蔚来、理想、小鹏汽车等造车新势力应时而生。他们之所以能够快速造出车来、推向市场，合作发展模式便是其中重要的法宝。以蔚来汽车为例，江淮汽车一直是蔚来汽车的代工生产商，两者建立了较好的伙伴关系。截至2019年底，蔚来汽车已向江淮汽车支付制造费用等共计6.04亿元人民币。“他山之石，可以攻玉”，生产外包使得公司可以更专注于研发，节省前期大量的生产场地、设备等固定资产投资支出以及生产管理费用，借助合作伙伴成熟的供应链和生产管理体系实现快速交付。

（2）研发、技术合作

研发、技术合作在组织的技术攻关和技术改造项目中应用相当普遍，

① 于胜著：《股权最重要的事》，中国人民大学出版社2020年1月第1版，第219页。

因为自力更生往往难以满足企业发展的效率和效益要求。随着科技水平的不断提高，我国经济的发展水平、收入水平也在不断提高，研发就意味着较大的投入。因此，研发实力欠缺的企业就产生了先进技术的输入需求，而技术积累雄厚方则有技术输出、合作的需求。

华为作为中国软硬件研发实力和技术首屈一指的企业，适时推出了针对智能驾驶领域的高阶自动驾驶全栈解决方案，并获得业界最高等级功能安全认证（ISO 26262 ASIL-D），成为国内首个获得 ASIL-D 认证的自动驾驶操作系统内核。但是，华为多次强调自己不会去生产汽车。即：华为的自动驾驶系统将完全采用合作模式与其他汽车厂商开展技术合作。迄今，华为自动驾驶系统已与北汽、广汽、合众汽车等厂商达成自动驾驶系统技术合作。

（3）市场合作

很多传统企业的市场渠道模式采用生产商 - 批发商 - 零售代理商的渠道架构，将市场拓展的重任交给了批发商和零售代理商。

此外，特许经营、招商加盟、品牌授权、战略联盟等也是典型的市场合作模式，旨在借助合作伙伴拓展市场范围和品牌影响力。

无论哪种合作，与自主模式相比，都存在合作关系是否牢固的隐患，即可控度较低。一旦双方合作关系出现意外，此前借助合作方赢得的市场可能一夜间遭受打击。

【案例】一罐凉茶，十年恩怨

“王老吉”品牌由王泽邦于 1828 年创立，被公认为凉茶始祖。新中国成立后，内地的王老吉被收归公有、划归到广州药业旗下，香港的王老吉则由王氏后人继续经营。1995 年，香港鸿道集团创始人陈鸿道从香港的王氏后人处得到“王老吉”凉茶配方。为了开拓空间更大的国内市场，鸿道集团在国内创建加多宝（中国）饮料有限公司，此后与广药集团签订了“王老吉”凉茶商标许可使用合同，有效期 20 年。

随着“怕上火，喝王老吉”的广告语席卷大江南北，“王老吉”使得凉茶这一小众饮品在中国饮料市场的边界和份额不断拓展——王老吉凉茶的销售额一度超过了可口可乐，“王老吉”的商标价值达到惊人的1080亿元；和其正、潘高寿、小霸王等诸多凉茶品牌纷纷进入饮料市场。

“王老吉”凉茶商标许可使用合同到期前后，广药集团要求与加多宝重新商定合同，但双方没有谈拢。广药集团于是上诉法院，要求收回“王老吉”商标许可。2012年7月16日，北京市一中院最终裁定，加多宝禁用“王老吉”商标，加多宝随后将产品更名为“加多宝凉茶”。

此后，双方针对产品广告语、包装的颜色、字体等对簿公堂不下20次，涉及诉讼金额达50亿元。2017年8月16日，最高人民法院终审判决：广药集团与加多宝公司可在不损害他人合法利益的前提下，共同享有红罐凉茶包装的权益。广药集团要求再审，2020年6月18日，最高人民法院下发民事裁定书，驳回广药集团再审的申请。至此，双方持续10余年的缠斗画上句号。

期间，加多宝曝出业绩亏损、罢工、高层出走、资金断流等不利消息；广药集团收回“王老吉”商标后，“王老吉”凉茶的销售额也一蹶不振，仅约巅峰期的一半。

一纸商标授权书，10年市场、官司缠斗史。双方由合作到大打出手，结果是双输。有业内人士甚至判断整个凉茶行业已开始衰退。加多宝是否后悔当初没有直接运营自己的商标？加多宝的悲壮正应了那句话：“基于利益的联盟未必牢靠，在更大的利益面前会被瓦解！”①

合作发展模式固然美好，有利于提高运营效率，但可控与效率孰重孰轻？在不同的市场条件下，在组织不同的发展阶段，在不同长度的衡量时期，这个问题可能会有不同的答案。

自主与合作，是在可控与效率之间的权衡和取舍。选择自主模式，无

---

① 于胜著：《股权最重要的事》，中国人民大学出版社2020年1月第1版，第121页。

疑说明组织在当时更注重控制；选择合作模式，则说明组织在当时更注重发展效率。实践中，完全自主和完全合作模式作为两个极端、越来越罕见，而部分自主、部分合作的模式越来越常见，突显了企业在控制与效率之间的妥协以及中庸之道。

1.3.4 聚焦

聚焦战略是指组织将有限的资源和力量集中于单一目标。

聚焦，常常产生惊人的力量。聚焦战略并非舶来品。历史上，早在2000多年前的战国初期，我们的先人已经在一个国家的范围内成功地实施了聚焦战略。

【历史】商鞅变法，秦国雄起

战国初期，魏国最先变法、富强——公元前406年，魏文侯以法家开创者李悝为相，率先变法，随后任用吴起为将，夺取了秦国的千里河西（从洛水到黄河之间），将秦国压制在洛水以西的狭小区域。当时的秦国，从实力、地理位置和国土面积等各个方面来看，都面临灭亡的危险，哪有王者之势？

魏国的变法并不彻底：李悝后来被派往北部的“飞地”中山为相，吴起一直任西河郡守，没有被进一步重用。魏文侯开始师从儒家，子夏、田子方、段干木等儒家弟子获得尊荣，西河学派一度大有光大儒家之势。

后来，吴起离开魏国、来到楚国。公元前386年，楚悼王任用吴起为相，在楚国变法。吴起变法，“要在强兵，以争利于天下”，即聚焦“强兵”战略，目标是“争利于天下”。

为确保强兵战略有效实施，吴起吸取了李悝变法的教训，在楚国的变法更彻底，“明法审令”严格贯彻：废除贵族世袭爵禄，三代后收回爵禄，并把贵族迁往边境；整顿吏治，罢无能，废无用，选贤任能，降低官员薪资以保证军队训练和给养①；统一认识和舆论，禁止纵横家游说②……

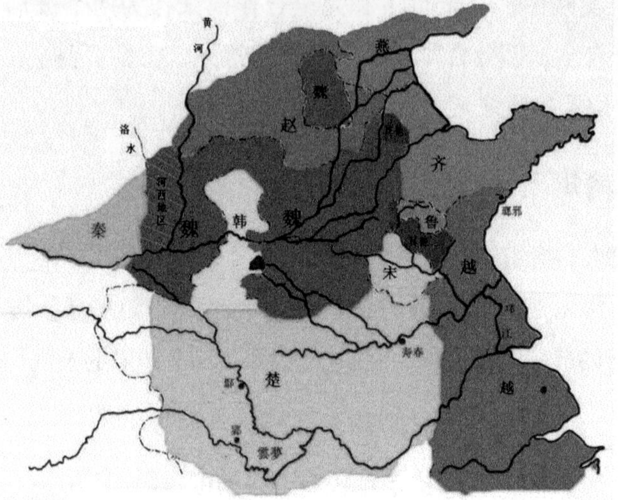

图 1–7　战国初期地图

楚国经过吴起变法，迅速强大起来。公元前 381 年，楚国将当时最强大的魏国打得大败。《史记·孙子吴起列传》记载“……楚悼王素闻起贤，至则相楚。明法审令，捐不急之官，废公族疏远者，以抚养战斗之士。要在强兵，破驰说之言从横者。於是南平百越；北并陈蔡，却三晋；西伐秦。诸侯患楚之强。”

吴起在楚国的变法取得了成功，但是得罪了楚国的贵族集团。公元前 381 年，楚悼王刚死，楚国贵族就趁机发动叛乱，杀死了吴起。吴起在楚国的变法仅仅 5 年就戛然而止。

公元前 356 年，秦孝公为了强大秦国，任用并全力支持商鞅在秦国变法。商鞅将秦国的战略目标设定为“待数十百年以成帝王”，既超越了秦孝公夺回河西地区的“复国”目标，更超越了吴起的“争利于天下”。

---

① 《韩非子·和氏》，使封君之子孙三世而收爵禄，绝减百吏之禄秩，损不急之枝官，以奉选练之士……

② 《战国策·秦策三·蔡泽见逐于赵》，“破横散从，使驰说之士无所开其口。”

在战略上，商鞅仿效吴起采取聚焦模式，使整个秦国聚焦于“农、战”：鼓励百姓“耕、织”致富；百姓若想加官进爵则只有凭战功积累一条路——欲富则农，欲贵则战。商鞅通过三个“统一”（壹赏、壹教、壹刑）来保障聚焦战略的贯彻实施：

壹赏，即“利禄官爵抟出于兵，无有异施也……富贵之门必出于兵”，即废除原有贵族的世袭爵位、特权，官爵的获取只能靠军功积累，“欲贵则战”，从而激发了百姓的强国、强兵热情；

壹教，即“尊农战之士，而下辩说技艺之民，而贱游学之人也”，提高农战地位，抑制工、商、学[①]，把“农战”作为秦国的“唯一信仰”；

壹刑，即建立统一、彻底、公正无私的执法体系，且功不可抵过[②]。因倡导“以刑去刑”，故而刑罚较重且有连坐制度。

《史记·商君列传》记载：“……太子犯法。卫鞅曰：“法之不行，自上犯之。”将法太子。太子，君嗣也，不可施刑，刑其傅公子虔，黥其师公孙贾。明日，秦人皆趋令。”

从司马迁的上述文字可以看出秦国当时的法治多么彻底，太子犯法也没有免除刑罚，两个太子傅一个被劓、一个被黥，震撼了秦国百姓，确保了聚焦“农战”战略的贯彻实施，秦国由人治全面转向彻底的法治。

《战国策·秦策·卫鞅亡魏入秦》记载了商鞅变法后秦国迅速富强的局面：“商君治秦，法令至行，公平无私……法及太子，鲸劓其傅。期年之后，道不拾遗，民不妄取，兵革大强，诸侯畏惧……”

《商君书·去强》早已前瞻了变法成功的局面：“国无怨民曰强国：兴兵而伐，武爵武任，则必胜；按兵而农，粟爵粟任，则国富。兵起而胜敌、按兵而国富者王。”

---

① 《商君书·赏刑》，博闻、辩慧、信廉、礼乐、修行、群党、任誉、请谒，不可以富贵，不可以避刑，不可独立私议以陈其上……

② 《商君书·赏刑》，所谓壹刑者，刑无等级，自卿相、将军以至大夫、庶人，有不从王令、犯国禁、乱上制者，罪死不赦。有功于前，有败于后，不为损刑。

后来，秦孝公任命商鞅率军伐魏，一战收复河西地区，迫使魏国将首都从安邑迁至内地的大梁。秦孝公封之于商15邑，自此，商鞅之名取代了原名公孙鞅、卫鞅而载于青史。

商鞅变法得罪了贵族（包括太子），太子即位（秦惠王）后杀掉了商鞅，但没有废除其倡导的聚焦“农战”战略和“壹赏、壹教、壹刑”的实施体系。一百多年后，秦统一了六国、实现了商君既定的战略目标，可谓水到渠成。

《尉缭子》曰：“兵以静胜，国以专胜”“修吾号令，明吾刑赏，使天下非农无所得食，非战无所得爵，使民扬臂争出农、战，而天下无敌矣”。秦国以原本的弹丸之地、孱弱之“躯”而鲸吞天下，如尉缭子所言，是实施聚焦战略的结果。由此我们可以感受聚焦战略的巨大力量。

截至2013年，全球寿命超过200年的企业，日本有3146家，为全球最多①。如果寻找这些企业的共性，那就是无限聚焦、把一种产品做到精益求精。

螺母，这种机械行业并不起眼的标准件，其中却蕴含着大文章。众所周知，生活中，螺母松动是很平常的事，但在火车轨道等特殊行业，螺母松动是人命关天的大事：高速行驶的列车造成的震动非常大，一般的螺母很容易松动脱落，列车会有脱轨的危险。日本哈德洛克（Hard Lock）工业株式会社生产的螺母号称“永不松动”，其结构比普通螺母复杂得多，材料、工艺也在不断改进和提升，产品售价比普通螺母高，包括中国、日本、英国、波兰、澳大利亚、韩国等在内的许多国家的铁路都使用哈德洛克螺母。

日本、德国等国家的一些小而美的企业可能是当今世界聚焦战略最成功的实施典范。在中国，同样不乏成功实施聚焦战略的大型企业案例。

---

① https：//zhuanlan.zhihu.com/p/48054819.

【案例】长城汽车聚焦 SUV

长城汽车的前身长城汽车制造厂于 1984 年成立，最初是一家专业皮卡生产企业；1998 年改制为有限责任公司，开始引进国际技术生产发动机。2002 年，在皮卡基础上研发、推出中国第一款经济型 SUV 赛弗；同时，长城汽车追随国内汽车行业发展的大趋势，也推出了自己的轿车产品，但并不成功。此后，长城汽车放弃了长城轿车以及赛弗经济 SUV 等低端品牌，实施聚焦战略，定位“中国 SUV 全球领导者”，陆续打造了“哈弗、WEY、坦克”等国产中高端 SUV 品牌，一系列产品在市场上掀起波澜：哈弗 H8 作为国产车，定价首次切入中端合资车市场、发起竞争挑战；哈弗 H9 则成为中国第一款高端越野车；哈弗 H6 更以高性价比长期在国内 SUV 销量排行榜上霸榜；近几年新推出的“坦克”系列高端 SUV 和越野车型更是一亮相就获得用户追捧、供不应求。

长城汽车实施 SUV 聚焦战略取得了空前的成功，2003 年、2011 年分别在中国香港和内地 A 股成功上市，成为国内最大的 SUV 制造企业。

1.3.5 并购

并购，既包括沿产业链（纵向一体化）、也包括跨行业（横向多元化）进行的收购或参股投资。与聚焦模式相反，并购模式是组织规模大了以后为规避单一行业市场风险或获取多个行业市场红利而采取的分散模式。

实践中，并购的方式有多种，取决于当时可借助的金融工具，包括：企业自有现金并购、杠杆并购（股权质押举债）、换股合并（重组）、增发股权并购、现金 + 增发股权并购等。

（1）并购模式的优势

并购模式的优势有：沿产业链进行的纵向并购能够有效降低公司整体运营成本，更易于产生协同效应；跨行业进行的横向并购能够有效降低行业风险；此外，并购可以快速提高公司业绩并进入新的市场，扩大市场影响力。

【案例】小米创新生态链构建模式

阿里巴巴主要通过自建、并购建立自己的生态圈，如线下零售、生活类、大文娱等；腾讯则以投资参股、合作的方式建立生态圈，投资后帮对方引流、不干预对方的品牌和经营。

2013 年，小米捕捉到 IoT（Internet of Things，物联网）的巨大消费潜力，产品线开始由手机周边向外辐射智能硬件、生活用品等，开创了新的打造生态链的模式。

自建模式太慢，而且管理数以百计的产品线将会是一场灾难；收购模式代价太大，且后续整合和管理成本高；投资“放养”模式则不能充分利用海量的“米粉”资源，对小米品牌的促进作用有限。小米不采用并购而采用投资入股的模式实现双方深度绑定，借助其强大的市场资源，用 20% 以内的参股实现了“控制”——不控制对方的公司，只控制意向的产品。小米这种构建生态链的模式，实现了多个创新：

❖ 既不是阿里巴巴式收购，也不是腾讯式投资“放养”，而是投资入股、产品全部以小米自有品牌对外销售，双方更紧密地“绑定”；

❖ 以潜在的巨量销售为盾、为矛，帮助生态链公司向上游供应链进攻，打出极限供货价格；

❖ 以小米品牌带动生态链公司快速成长、上市，小米成为“孵化器”，在获取产品利润的同时，斩获投资收益。

❖“闪电战”模式扩张产品线（在 3 年时间就投资了 77 家生态链公司），用规模和效率构筑市场壁垒。

一旦成为小米的生态链公司，小米将为生态链公司的发展提供全方位的资源支持。即：将资源领先战略全面在生态链公司实施。具体包括：

❖ 产品设计资源：小米的产品设计部门在构建生态链早期几乎完全输出了产品设计。即使生态链公司逐渐设立了自己的设计部门，但是小米依然保持一票否决权，以确保米家与小米品牌中生态链产品风格的统一。

❖ 供应链资源：小米借助自身的影响力、产业整合的能力和潜在的巨大销售量，为生态链公司提供销量、供应链信誉背书，从而大幅度降低生态链公司产品的成本。

❖ 品牌资源：生态链公司的产品，如果符合小米的品牌要求并通过公司内测，根据其产品类型，为其开放“米家”或“小米”品牌。小米品牌的背书，使生态链公司的产品更容易获得消费者信任，能在短时间内借力小米的市场和粉丝等资源。

❖ 市场渠道资源：获准使用“米家”和“小米”品牌的生态链公司产品，小米向其全面开放了固有的四大市场渠道，包括 PC 端小米网、手机小米商城、米家商城以及目前正在快速扩张的线下小米之家。

❖ 资本和关系资源：生态链公司被小米投资后，将逐渐被资本市场看好。小米将根据生态链公司的发展情况，适时邀请投资机构，为生态链公司进行路演，帮助生态链公司融资。

强大的资源输出和扶持，确保了小米生态链公司的高速成长，同时也加快了小米产品和市场领域的多元化进程。

仅仅数年时间，小米的生态链从无到有、从小到大，发展速度之快令人称奇——到 2021 年，小米 MIUI 月活跃用户达到 3.96 亿、建成全球最大的消费类 IoT 物联网平台，连接近千种、3 亿台智能设备；小米系（小米 + 雷军的顺为资本）投资的公司超过 400 家，覆盖智能硬件、生活消费用品、教育、游戏、社交网络、文化娱乐、医疗健康、汽车交通、金融等领域，其中多家生态链公司在海内外成功上市（例如，华米、云米科技在美股上市，石头科技、九号公司在上海科创板上市等）。

小米早期投资的部分生态链公司如表 1–4 所示：

表 1–4　小米早期投资的部分生态链公司

类别	公司简称	主营产品	投资时间
手机周边	江苏紫米	移动电源	2012.2
	万魔声学	小米活塞耳机	2013.10
	安徽华米	小米手环	2014.1
	青米科技	小米插线板	2014.2
	蓝米科技	小米蓝牙耳机	2014.4
	硕米科技	手机壳	2015.3
智能硬件	纳思博科技	9 号平衡车	2012.1
	纯米科技	米家电饭煲	2013.7
	飞米电子	小米无人机	2014.5
	智米科技	小米空气净化器、电风扇、加湿器	2014.6
	绿米联创	智能家庭	2014.6
	云柚科技	机器人	2014.10
	创米科技	米家小白智能摄影机、网络收音机等	2014.12
	云米电器	小米净水器、水质检测笔	2015.1
	睿米科技	智能车载	2015.1
	小蚁科技	智能摄像机、运动相机、行车记录仪	2015.6
	田米科技	小米笔记本	2015.7
	石头科技	米家扫地机器人	2015.9
	爱其科技	智能代步工具	2015.11
	慕声电子	智能门锁	2016.3

2021 年 3 月 30 日，小米发布公告，正式宣布进入造车领域；8 月收购自动驾驶技术公司深动科技，开始布局自动驾驶核心技术。

我们不知道小米的生态链最终会扩展到什么程度，因为他们不设边界。似乎地球人已无法阻止它的扩张……

（2）并购模式的劣势

由于多数并购往往溢价进行，因此可能加大公司的财务杠杆并积累商誉，当并购对象经营出现异常后可能给公司带来减值损失；并购易、整合难是一直存在的管理难题，不同公司之间企业愿景与文化、薪酬体系、激励制度等多方面的差异，往往导致收购后人才的流失，从而给整合带来极大的难度：看起来收购的是公司，实际上收购的是其核心人力资源，如果原来的核心人才都离开了，收购的价值和意义就大打折扣了[①]。

【案例】携程合并去哪儿网[②]

2015 年 5 月 8 日，百度旗下的在线旅游网站去哪儿网收到了同业巨头携程的收购要约。但去哪儿网当时没有同意（双方都坚持要主导合并后的企业）。

2015 年 5 月 22 日，携程宣布耗资约 4 亿美元收购了竞争对手艺龙网 37.6% 的股份，成为后者的第一大股东，拥有约 48.6% 的股东会表决权，酒店预订业务（尤其是中低端酒店市场）得到进一步增强。艺龙网 2014 年度的酒店在线预订间数为 3420 万，高于去哪儿网的 3210 万。在缠斗了 16 年后，携程与艺龙网成了“一家人”。

2015 年 10 月 26 日，携程宣布与去哪儿网的母公司百度就合并去哪儿网达成股权换购交易。合并后，百度成为携程第一大股东，拥有其 25% 的表决权，董事长、CEO 李彦宏和副总裁叶卓东成为携程的董事；携程则拥有去哪儿网 45% 的表决权，携程公司董事长、CEO 梁建章等 4 名高管成为去哪儿网的董事。

去哪儿网创始人兼 CEO 庄辰超在发给内部员工的邮件中说，“合并后去哪儿网的独立发展计划不变，后续将与携程协商协作机制，各自选定并加强主攻的市场。”

包括当事人在内的很多人都看好携程和去哪儿网的合并，并期待 1+1>2 的好戏，甚至期待在线旅游行业的垄断性巨头出现。

理想很丰满，现实却很骨感。

---

① 于胜著：《股权最重要的事》，中国人民大学出版社 2020 年 1 月第 1 版，第 218 页。

② 于胜著：《SPAC 特快上市指南》，中华文化出版社 2021 年 4 月第 1 版，第 119–121 页。

2016年1月1日，以海南航空、南方航空、首都航空、中国国际航空、重庆航空、四川航空等九大航司抱团发难去哪儿网：由于受到多起关于旅客在去哪儿网购票引起的投诉（包括多收退改签费用、加价销售机票、未及时通知不正常航班信息等），航空公司将关闭其在去哪儿网的旗舰店。这将对去哪儿网原本强势的机票业务带来毁灭性的打击。

1月4日，开年的第一个工作日、并购后仅两个多月，庄辰超宣布卸任去哪儿网CEO，随后去哪儿网CFO赵轶璐、CTO吴永强、COO彭笑梅等相继离职。

航空公司机票业务的掣肘叠加人事动荡，去哪儿网的股价随即开始暴跌，在短期内下跌了30%！携程原本期待合并后得到去哪儿网的机票渠道，没想到迎来的却是当头棒喝和股价暴跌。

在随后启动的携程对去哪儿网酒店业务的整合过程中，去哪儿网酒店事业部员工大量离职，其主要原因是携程员工对去哪儿网员工的排斥：因为去哪儿网员工原来的薪资待遇明显高于携程员工。

双方在业务上高度重合又各具优势，如果并购前期的工作充分，携程在并购后本可以整合去哪儿网的优质人才、业务、渠道等资源，然而原本期待的业务协同等利好却告落空。

航空公司对去哪儿网的抱团打击可能纯属意外，但并购后去哪儿网的核心高管、员工的大量离职绝非意外。人都走了，原来的业务、渠道还能正常运行和发展吗?

这个案例对忽视并购准备工作及其细节的人敲响了警钟：并购战略上可以藐视，并购战术上必须高度重视。否则，期待通过并购模式改善业绩、扩大市场份额的战略很可能难以如愿。

国际管理咨询巨头麦肯锡的跟踪研究和统计表明，只有17%的并购和重组带来了超额回报，58%的并购和重组则损害了股东价值。

（3）并购前额外的准备工作

尽职调查、审计工作关注的重点是合法合规、规范性经营及业绩等，由于很多并购的最有价值资产是对方的人力资源以及可以协同的业务，因此，在正常的尽职调查、审计工作之外，应该围绕人才和协同做更充分的准备工作。包括：

❖ 核心高管和业务骨干

包括来源（股东安排的还是招聘的）、简历、对业务的熟悉程度、过去几年的绩效与贡献等。

❖ 绩效管理与激励体系

包括计划的制定、考核、奖惩、股权激励等的规定和实施情况。

❖ 人力资源管理

包括劳动合同（包括薪酬、期限、特殊约定）、保密与竞业禁止协议、人力资源合作方（包括人才输入或招聘渠道以及劳务派遣公司）等。

❖ 社保

重点核查被并购企业此前是否存在低缴、漏缴等问题。

❖ 其他遗留问题

例如，是否存在对高管团队或者核心成员未兑现的重大承诺、是否构成对某个人的重大依赖等。通过对涉及人才管理的详细摸底，弄清楚对方的核心人才、能力及其待遇情况，对于有价值和值得留用的，可在维持原来福利待遇的基础上，增加奖励或股权激励，尽可能减少并购引起的核心人员及技术或市场的流失；对于可裁减的，则依据劳动合同等进行协商处理、解决，涉及有激励股权或股权的，可考虑回购其股权。总之，根据并购后的发展规划，区分不同人员的情况进行针对性的处理。在此过程中，难免要与对方的核心团队进行充分、必要的沟通，应认真听取他们的建议，毕竟他们是最了解公司的。

通过对人力资源管理体系的调查，可以了解对方的薪酬体系、薪资与奖金的发放方式、社保缴纳等与自己企业的区别，并评估并购后的融合或改革难度。对于劳动合同未到期又需要留用的员工，可以延续原有的合同，也可以在并购完成后重新签订劳动合同，实现平稳过渡；对于欠缴、漏缴的社保等，应敦促被并购方在并购交易达成前予以补缴，清理隐患，防止并购后部分员工发起诉讼或劳动仲裁。

留住了核心团队，消除了隐患，为后续的有效整合、协同奠定良好的基础，并购就会向着成功的方向前进。

❖ 产品、技术、市场体系及业务整合与协同[①]

并购前的充分调查有助于详细了解对方的产品、技术和市场体系等状况，进而弄清对方的价值以及未来可能的整合和协同方向。成功的并购会实现 1+1>2 的效果，其前提就是双方通过有效的沟通、整合形成协同，降低运营成本的同时，提高运营效率。

吉利汽车并购沃尔沃轿车可谓经典的并购事件。2008 年国际金融危机爆发后，福特汽车为了自保，陆续出售旗下亏损品牌，其中捷豹、路虎被印度塔塔集团收购，吉利则以 18 亿美元收购了沃尔沃轿车 100% 股权[②]。2021 年 10 月 29 日，沃尔沃在瑞典斯德哥尔摩证券交易所成功 IPO 上市，市值达 180 亿美元。吉利抓住美国金融危机对沃尔沃正常经营造成的严重影响，几乎以净资产的低价格收购了沃尔沃轿车，保全并成功整合沃尔沃轿车的品牌、产品技术、市场渠道、人才等用于打造自己的博越、领克等汽车品牌，可谓经典的并购案例。

并购过程中，无论是人力资源、产品与技术还是市场体系的调查，都是常规的律师团队无法完成到位的，必须由公司的专业人员组成并购团队或外聘咨询机构才能做好这一耗时、耗力、耗钱的工作，但这些付出都是值得的。有时一笔巨额的并购交易在极短时间的尽职调查之后就宣告达成了，尽职调查时间之短甚至不足以完成正常的并购估值！这种仓促的收购，成功率更不会高，往往在并购不久之后就会付出极高昂的代价。

---

① 于胜著：《SPAC 特快上市指南》，中华文化出版社 2021 年 4 月第 1 版，第 115–118 页。

② 于胜著：《股权最重要的事》，中国人民大学出版社 2020 年 1 月第 1 版，第 306–307 页。

吉利并购沃尔沃轿车案例充分说明了并购时机、并购价格的重要性。同样是吉利，它收购奔驰汽车 10% 的股份，无论时机还是收益远不如并购沃尔沃轿车。

1.3.6 管理系统

除了商业模式、进入市场的模式等，模式领先还包括先进、有效的组织管理体系等更加广泛的范畴。沃尔玛较早把 GPS 技术广泛应用于仓储和物流管理系统，大幅提高了周转和管理效率；平衡记分卡、KPI、OKR 等每一种耳熟能详的新的绩效体系或管理系统面世，都会在企业界刮起应用风暴……

2000 年，华为不惜巨资引入了 IBM 公司的管理系统，革新了自己的组织架构管理体系；此后，历经不断完善，构建了业界独一无二的股权激励和管理系统。

有效的管理系统可以提升组织的运营效率，与创新的商业模式一样，都可以强化组织的领先优势。

1.3.7 模式迭代

在发展的过程中，组织自身的状态和外围环境都是动态变化的，因此，模式领先战略不可能一成不变——随着技术和模式创新的进行，原有的领先模式可能落后甚至被淘汰。模式领先战略本身也需要在发展中持续迭代以适应条件的变化并始终保持领先优势，这似乎已成了新经济企业特有的品质。

【案例】阿里巴巴模式领先战略的迭代历程

阿里巴巴用 20 年的时间发展成为中国市值最高的企业之一，实施的就是模式领先战略——以电商模式蚕食线下社会零售市场份额。

1999 年创立时，阿里巴巴（alibaba.com）平台以 B2B 模式打破线下商业的地域限制，为国内外商家之间的贸易提供线上信息服务，盈利模式是收取会员企业服务费（2300 元 / 年、6 万 –8 万元 / 年）。

受限于 B2B 模式的发展空间和效率，阿里巴巴 2003 年推出了 C2C 模式的淘宝网，搭建了个人卖家和个人买家交易的电商平台，商业模式发生了迭代，并于第二年推出了支付宝，商业模式进一步升级。

2008 年，阿里巴巴推出了基于 B2C 模式的淘宝商城，为品牌商家与个人买家之间提供交易平台，向商家收取会员费和交易佣金，商业模式再次迭代，淘宝商城后来更名为天猫。

2009 年，阿里巴巴成立阿里云计算部门，切入企业互联网服务市场；

2014 年，阿里巴巴在原有支付宝的基础上推出蚂蚁金融服务，余额宝、借呗、花呗等相继推出，盈利模式进一步丰富、迭代；

此后，阿里巴巴进行了大量的并购和投资，进军物流、娱乐、生活等行业。在 20 多年的发展过程中，阿里巴巴的模式经历了多次迭代，触角范围也在模式迭代过程中不断扩展。

事实上，从个人到企业……到国家，把组织的规模缩小、放大，把时间从今到古拉长，我们会发现，模式创新、迭代其实一直在进行，并且具有巨大的力量。

《孙子兵法》“不战而知胜负、不战而屈人之兵、上兵伐谋”等振聋发聩的论述，刷新了战国初期人们对战争、战略的认知，上兵伐谋、其次伐交、不战而胜取代战而胜之成为首选战略模式，使“运筹帷幄，战胜于朝廷”成为可能和现实。

吴起在鲁国、魏国西河率军期间，其获胜可谓用兵模式高人一筹；其后他改革魏武卒制度，将军队职业化、专业化，并在西河倡导儒学，使军队的组织模式、地区治理模式取得领先；后来在楚国领导变法，改革楚国的吏制、司法、用兵等制度，使整个国家的发展模式取得领先。吴起用自己的人生谱写了一曲从资源领先（兵法、用兵、带兵技术等）到模式领先以及不同模式的创新、迭代之歌。

西周建立分封制、分权管理的王朝，秦统一中国后则建立了中央集权的国家，国家的管理模式发生了质变。在此后中国漫长的历史发展进程中，朝代更迭不断，但中央集权模式是主旋律。马克思主义进入中国后，共产党领导的中国革命，经历了由学习共产国际经验、组织领导城市罢工和暴动向“农村包围城市”的模式转变；革命成功后，共产党在领导中国经济建设和发展过程中，逐渐从计划经济、公有制经济转向中国特色的市场经济模式；在政治体制上，则创造性地推出了“一国两制”模式。共产党创建百年以来，两次重大模式转变都产生了巨大的力量：第一次转变模式，中国以崭新的面貌“站起来了”；第二次转变模式，中国从贫穷、落后的第三世界国家一跃成为世界第二大经济体。共产党、中国的成功，是典型的模式领先战略的成功，是模式迭代的成功。

组织在发展过程中，资源，可以弱化，也可以强化；模式，可以领先，也可以落后。只有持续创新、迭代，模式领先战略才可能长期有效。

1.4 性价比领先战略

性价比领先战略是指推出高性价比的产品或服务来吸引用户、扩大市场份额，达成战略目标。或许，这是“中国制造”普遍采用的战略类型。

组织能够持续发展，源自产品或服务能够为用户创造价值，即：运营既为自己创造价值，也要为用户创造价值。否则，经营便难以持续。性价比领先意味着用户将从组织提供的产品或服务中获得更高的收益或潜在收益。

1.4.1 性价比领先的新定义

我们首先对性价比领先的概念进行定义。

如图 1–8 所示：

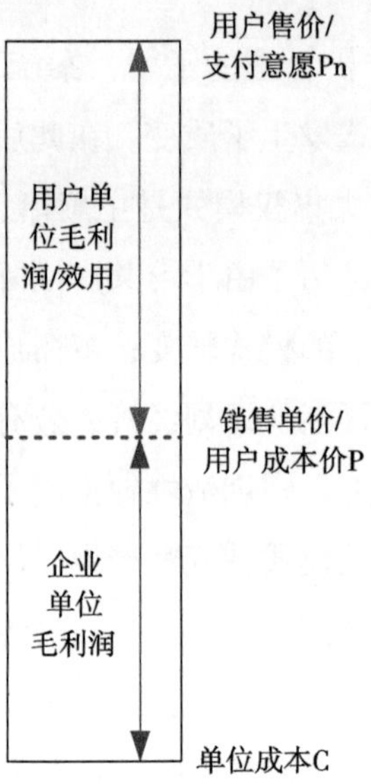

图 1–8　性价比定义示意图

企业的单位毛利润 P–C，是销售单价与单位成本的差额；

用户如果用该产品作为自己产品的生产资料，那么企业的销售单价即构成用户的采购成本价 P，用户转售的价格 Pn 与该采购价之间的差额 Pn–P 是用户的单位毛利润；

如果用户为最终使用者，那么其支付意愿 Pn 与实际支付成本价 P 之间的差额 Pn–P 则构成了用户效用或消费者剩余[①]，该效用包括用户购买产品或服务获得其功能、性能以外得到的满足感等。则：

新战略的性价比是指用户效用（或转售价格）与用户购买价格的比值，即：Pr=Pn ÷ P。

性价比领先意味着 Pr 值更高，而不只是 P 值更低，即性价比领先不等同于成本领先、价格领先，不意味着绝对的低成本、低价，因为企业完

① 〔美〕曼昆著，梁小民译：《经济学基础》第二版，三联书店 2003 年 1 月第 1 版，第 145 页。

全可以用同等甚至更高的成本生产、提供功能更丰富和体验更好的产品或服务——在 P 相同的条件下，谁的产品 Pn 值更高则具备了更高的性价比；当然，在保证高 Pn 值的同时价格更低，将创造更高的性价比。因而，性价比领先包括降低成本、售价和提高用户效用两个方向的努力。

性价比领先战略包含西方战略理论中的成本领先，即当用户效用值 Pn 相同时，性价比领先意味着售价更低，这往往在成本领先时才能够做到。

性价比领先战略同样包含西方战略理论中的差异化，即：差异化带来超高的用户效用时，即使售价较高也拥有性价比领先优势。假设：

市场常规产品的效用值为 Pn，售价为 P，性价比 $Pr=Pn \div P$；

差异化产品的效用值为 $Pn+\Delta Pn$，售价为 $P+\Delta P$，则：

性价比 $Pr1=(Pn+\Delta Pn)\div(P+\Delta P)$。

当 $Pr1>Pr$ 时，差异化产品拥有更高的性价比。

性价比领先包括提高用户效用和降低售价两个方向的努力，从而也使性价比领先战略产生了多个细分类型。

1.4.2 高效用引发的性价比领先

当产品售价 P 相近，但拥有更高的用户效用 Pn 时，将产生性价比领先优势。

如图 1–9 所示，随着中国制造水平的不断进步，与外资品牌同价位甚至更低价位的国内产品往往功能、配置更丰富。这种情况下，如果是功能性为主（品牌价值也会提升用户效用）的产品，例如代步功能的汽车等，国产产品无疑具备了更高的性价比。红旗汽车，长城哈弗、坦克系列 SUV，理想和蔚来汽车的电动 SUV 等，其成本和绝对售价并不低，但凭借卓越的设计、配置等营造了更令用户满意的驾乘体验，赢得了性价比优势和较大的市场销量。

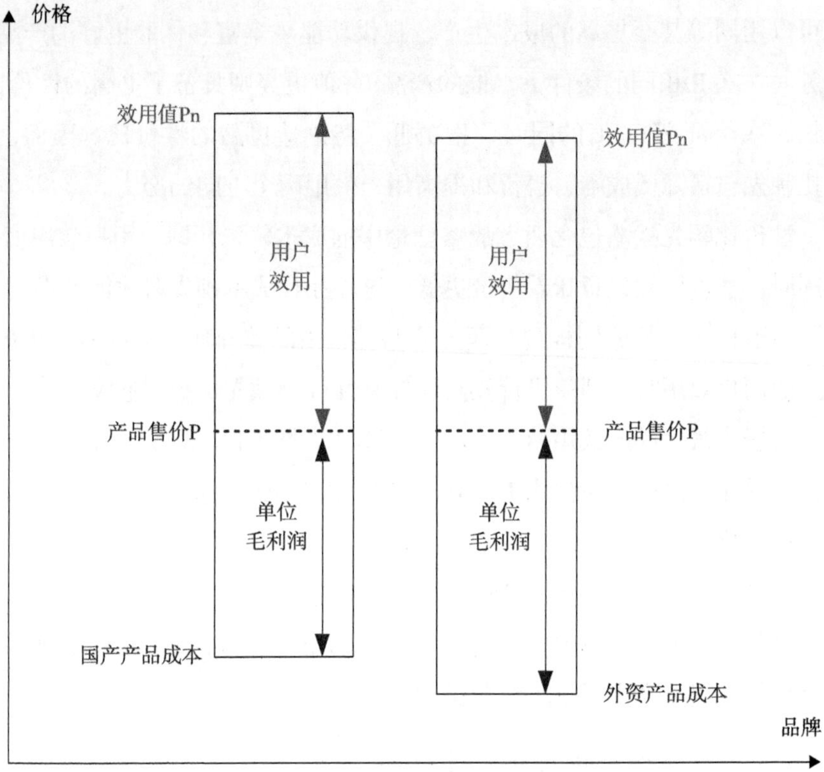

图 1–9　高效用引发的性价比领先示意图

高效用引发的性价比领先战略，如果没有成本和定价（售价接近）优势，往往意味着产品单位毛利润率的降低。

【案例】小米手机的高性价比战略

2011 年 8 月 16 日，小米 1 手机发布，12 月正式发售，30 万台手机竟在 5 分钟内被“米粉”一抢而光，创造了手机销售的神话——没有任何广告，更没有任何明星代言，而且还没有别的渠道，只能在小米官网下单购买……小米开创了用户开发模式、粉丝模式、网上卖手机模式……难道这就能让粉丝们如此狂热吗？答案当然不止于此。这款“为发烧而生”的产品，是世界首款搭载双核 1.9GHz 处理器的智能手机，而售价仅 1999 元！

小米砍掉了所有中间环节，节省了大量的传统线下渠道成本和营销成本，这一部分直接让利给了“米粉”；此外，小米1是小米公司的市场敲门砖、定价策略基本不赚钱，公司靠小米主题商店独特的服务和广告实现盈利。

一年之后，小米2手机上市，依然1999元起售。与小米1相比，配置有了相当的提升。一句话概括：小米2达到了当时旗舰机的性能，但价格与中端机持平。小米2手机又大获成功。

2014年小米4手机上市，依然是1999元的起售价格！一以贯之的性价比领先战略加持下，小米手机当年实现大幅增长，销量超过6000万台，一举登顶国内手机市场销售冠军！

小米一直宣称硬件产品的利润率不超过5%，其性价比领先战略无疑是以牺牲利润率为代价的。

1.4.3 低售价引发的性价比领先

当产品的用户效用Pn相近，但售价P更低时，Pn/P的比值更高，也将产生性价比领先优势。

如图1–10所示，两个产品的效用值Pn相同，售价更低的产品拥有性价比领先优势。由于其产品成本更高，其实并不具备成本领先优势，因此，其性价比领先优势是以牺牲毛利润率为代价的。据此推断，这很可能是一个追赶者，战略目标是“以价换量、换市场占有率”；或者，行业巨头利用其成熟或过气产品挤占其他对手的市场份额。

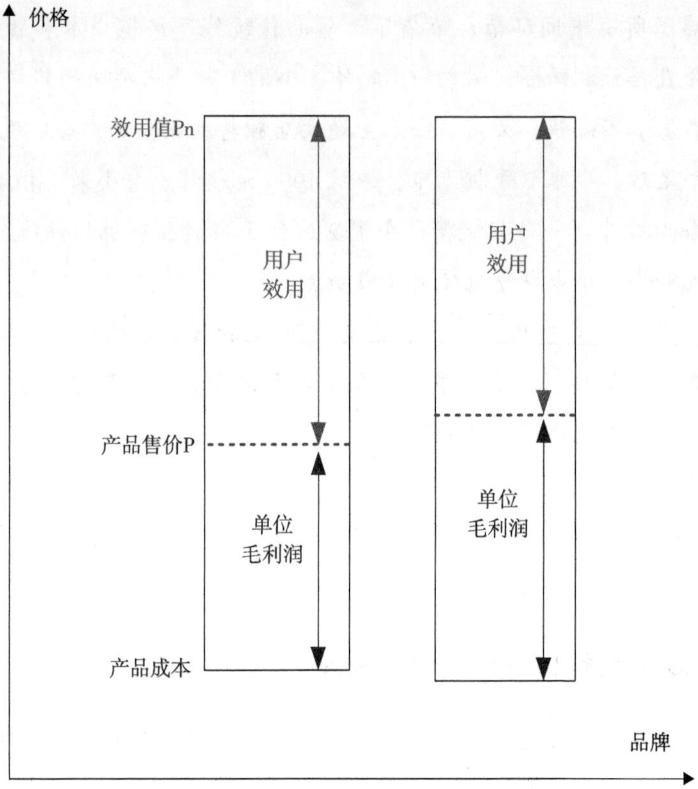

图 1-10　低售价引发的性价比领先示意图

【案例】小米生态链产品的性价比领先战略

2013 年，三星电池制造部门的产能出现了很大的闲置。小米借机用巨大的销量为筹码，从三星拿到了全球最低的移动电源电池芯供货价格，开创性地设计铝合金外壳后，这款售价 69 元的移动电源，比多数公司的电池芯采购成本还低！

FitbitFlex 公司号称手环鼻祖，打开了手环市场，紧接着，Force、Misfit、Jawbone 等公司加入智能手环市场。最初的智能手环主要用来记录人体的运动情况，后来扩展到健康状态的监测等功能，这些智能手环的价格动辄高达千元。2014 年小米第一代手环发布，集齐了当时用户关心的所有核心功能，产品力比肩甚至超越 FitbitFlex 的产品，但价格仅为 79 元！上市不到一年，小米手环已在全球销售超过 1000 万个！

小米采用同样的战略，把市场价数千元的空气净化器、高档床垫做到 699 元……

小米生态链产品采用了典型的（低售价引发的）性价比战略，依靠更低的成本优势。这种情况下，与西方战略理论的成本领先异曲同工。

有时，可以采用变相的低售价。即：售价相同，但对用户实施价格补贴、返点或奖励等，同样能够营造性价比领先优势。如果变相的降价行为并不持续、只是很短期的行为，或许称不上性价比领先战略，只是市场部门一种短期的促销策略而已。

1.4.4 高效用、高售价引发的性价比领先

苹果公司推出的 iPhone 手机，操作系统、主要芯片都是自主研发，手机的规模化生产成本相对其他厂商而言可能更低；但是 iPhone 凭借前所未有的体验开启了智能手机革命，极大幅度提高了用户效用，虽然 iPhone 比普通手机定价高，但依然取得了卓越的性价比优势，是低成本、高售价、高用户效用的典范。

如图 1–11 所示，高售价、高用户效用引发的性价比领先，有利于提升单位毛利润率、产生超额利润，从而有助于品牌价值的提升。

近几年，小米也一直在努力实施高售价、高用户效用引发的性价比领先战略。2015 年，小米推出自己的旗舰机型 Note 系列，开始尝试打破自己设置的 1999 元枷锁、向高端机型冲击。然而小米 Note 搭载的高通骁龙 810 处理器曝出了处理器发热严重等问题，这些问题导致小米 Note 系列并不成功。2020 年，小米接连推出了小米 10、小米 10 pro、小米 11 和 MIX4 机型，产品价格覆盖 3999 元至 6000 多元，继续拓展中、高端市场。根据官方公布的消息，小米在 2021 年双 11 期间迎来开门红，11 月 1 日当

天，不到1小时的销售金额已突破40亿元大关；截至凌晨2点，小米旗舰手机斩获两大电商平台4000元价位安卓手机销量、销售额双冠军，小米MIX4在5000–10000元价位的销量仅次于苹果，成为安卓高端手机双料冠军。华为被美国制裁后，“腾出”了安卓手机高端市场后，小米等手机厂商加速启动高效用、高售价的性价比领先战略。但高价格、高效用的手机产品，苹果仍然占据无可撼动的市场地位，尤其当小米等推出高价格产品后，反衬出苹果手机更高的效用、更高的性价比。2021年双11，苹果手机以过百亿的销售额遥遥领先便是实证。

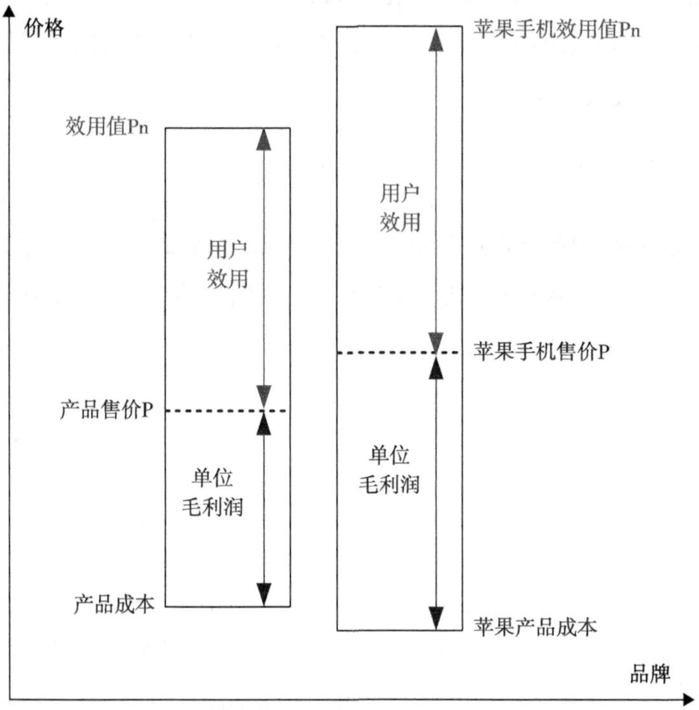

图1–11　高效用、高售价引发的性价比领先示意图

相比成本领先战略，性价比领先战略拥有更广泛的适用性。小米、华为、格力……越来越多的中国企业开始用高性价比的“精益制造”重新定义“中国制造”。“中国制造”的性价比领先将逐渐由低/平价高效用走向高价格高效用，相信未来将有越来越多的中国品牌“高大上”。

1.4.5 性价比领先战略的前提和局限

（1）前提

性价比领先战略是追赶者普遍采用的竞争战略。有时，市场领导者也会借助性价比领先战略（降维）打击竞争对手、巩固市场地位。因此，性价比领先战略具有广泛的普适性。

要使提供的产品或服务具备领先的性价比优势，需要在多个方面做出努力：首先，提高组织运营效率。缺乏高效的运营效率，性价比领先无从谈起，因为只有高效的运营才能有效降低成本，为创造卓越的性价比提供空间；其次，确保研发投入和生产质量。先进技术的应用、高质量生产是降低成本、提高用户体验和效用的重要手段。在技术迭代越来越快的当下，足够的研发投入将确保产品的功能、性能，从而提升用户效用值Pn，提高性价比；再次，打磨供应链和合作伙伴。在同等条件下，稳定、可靠、强大的供应链和合作伙伴将为降低成本、提升性价比提供有效的保障。

（2）局限

性价比领先战略更易于打动用户、奠定成功的基础。但如果长期实施基于低售价或中低售价的性价比领先战略，品牌容易被消费者打上低端的标签，不利于品牌价值的积累和提升，难以获得更高的品牌溢价。

截至 2021 年一季度，根据小米手机业务营业收入和手机销售量计算，小米手机的平均销售价格仅为 1042 元——小米手机仍然主要依靠低价格、高性能战略抢占市场，高价格、高性能战略距离真正的成功还有很长的路要走。

从小米各项业务营业收入及毛利润占比情况看，智能手机、IoT 及生活消费硬件产品的毛利润占比均低于其营收占比，说明其硬件产品的定价策略仍以牺牲利润率的低价格为主，尤其智能手机的毛利润占比大幅跑输营收占比，以价换量的态势没有改变。

表 1-5 2015-2020 年小米营业收入、毛利润统计表

营业收入 | 毛利润（亿元）	2015		2016		2017		2018		2019		2020	
年度总计	668.2	28.7	684.4	72.5	1146.3	151.5	1749.2	221.9	2058.3	285.5	2458.7	367.5
其中：智能手机	537.2	0.0	487.6	16.8	805.6	71.0	1138.0	70.4	1220.9	87.6	1521.9	132.0
IoT 及生活消费	86.9	0.3	124.2	10.1	234.5	19.5	438.2	45.1	620.9	69.5	674.1	86.1
互联网服务	32.4	20.8	65.4	42.1	99.0	59.6	159.6	102.7	198.4	128.4	237.6	146.4
其他	11.7	7.6	7.2	3.5	7.2	1.4	13.4	3.7	18.1	0.0	25.1	3.0

表 1-6 2015-2020 年小米各项业务营业收入、毛利润占比

营业收入 | 毛利润占比	2015		2016		2017		2018		2019		2020	
其中：智能手机	80.4%	0	71.2%	23.2%	70.3%	46.9%	65.1%	31.7%	59.3%	30.7%	61.9%	35.9%
IoT 及生活消费	13.0%	1.0%	18.1%	13.9%	20.5%	12.9%	25.0%	20.3%	30.2%	24.3%	27.4%	23.4%
互联网服务	4.9%	72.5%	9.6%	58.1%	8.6%	39.3%	9.1%	46.3%	9.6%	45.0%	9.7%	39.9%
其他	1.8%	26.5%	1.1%	4.8%	0.6%	0.9%	0.8%	1.7%	0.9%	0.00%	1.0%	0.8%

性价比领先战略成就了小米的同时，也在一定程度上困住了小米。从低售价（引发的性价比领先）转向高效用、高售价的性价比领先战略并获得市场认可，小米品牌或许需要更多的时间。

1.5 连续博弈战略

连续博弈战略是指组织结合自己的条件、利益诉求目标等，根据对手的战略制订自己所应采取的（一系列）战略。

在任一时刻，（市场）竞争状态如果可以看作相对的动态平衡，那么，下一时刻，任何参与者实施有影响力的战略，将影响甚至改变上一时刻的动态平衡，其他参与者要么接受新的动态平衡局面、要么做出新的战略选择。这就是连续博弈战略的机理。

通俗地讲，连续博弈如同棋局对弈，根据对手（可能）的应对和反应确定己方的竞争战略；但连续博弈又不同于棋局对弈，因为对弈是零和博弈，而市场博弈的结果却可能是正和博弈——强大的对手常常使我们变得更强。

假设对手的初始战略为 G_0，我们以战略 S_0 应对，由此引发对手下一步可能的战略为 G_1 或 G_2，我们将分别以 S_1 和 S_2 应对……循环下去，各方的战略将组成一个集合：$\{S_0，S_1\cdots\cdots\}VS\{G_0，G_1\cdots\cdots\}$，双方的战略在博弈过程中交织成网状（见图 1–12）。

如图 1–12 所示，敌我之间的虚线箭头表示己方采取的战略可能引发对方实施的战略。为简化起见，示意图仅做了两种可能的选择。在实践中，可能的战略选择有可能超过两个，因而更加复杂。

连续博弈战略的成功实施，基于充分掌握对手的信息和战略动态或准确预判对手将采取的战略，从而实施行之有效的应对战略。

1.5.1 连续博弈战略溯源

1928 年，冯·诺依曼证明了现代博弈论的基本原理，奠定了这一学科的基础和理论体系；1950 年—1951 年，约翰·福布斯·纳什开创性地给出了纳什均衡的概念和均衡存在定理，产生了巨大的影响。迄今，共有 7 届的诺贝尔经济学奖与博弈论的研究有关。

博弈论这一现代学科由美国人创立。事实上，中国自古就不乏博弈论的思想和实例。

《孙子兵法》就是一部饱含博弈论思想的军事著作：

❖ 不惜代价“用间”充分获取对手情报，在“五事七计”的基础上，“上兵伐谋，其次伐交……”孙武“知己知彼，百战不殆”的战略思想本身就是相对静态的不完全信息博弈；

❖ 在“伐兵”期间，孙武倡导“以正合，以奇胜”“择人而任势，避

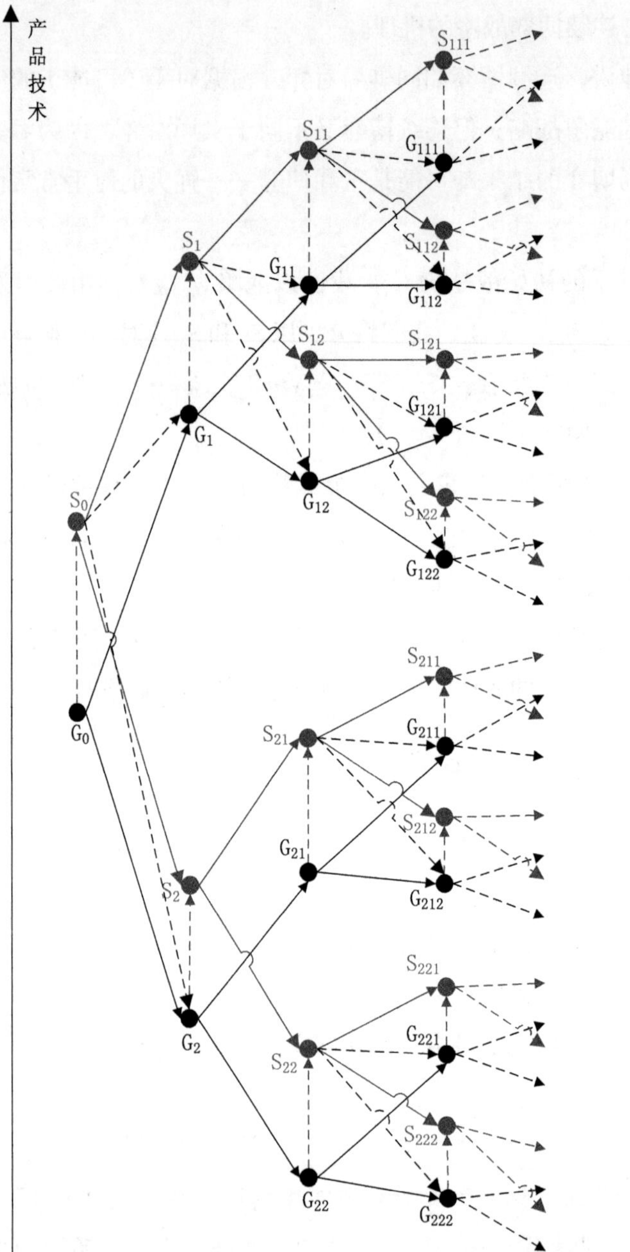

图 1–12　连续博弈战略示意图

实而击虚”“先为不可胜，以待敌之可胜”“以利动之，以卒待之”“用兵之法，十则围之，五则攻之，倍则分之，敌则能战之，少则能逃之，不若则能避之”等论述，充分体现了动态博弈即连续博弈的思想，根据战场地形、敌方虚实等采取对应的制胜战略。

孙武的后人孙膑则亲自导演了“田忌赛马”和“围魏救赵”“围魏救韩”等案例，成为连续博弈战略的精彩实施者。

【历史】围魏救赵、围魏救韩[①]

……魏伐赵，赵急，请救於齐。齐威王欲将孙膑，膑辞谢曰：“刑馀之人不可。”于是乃以田忌为将，而孙子为师，居辎车中，坐为计谋。田忌欲引兵之赵，孙子曰：“夫解杂乱纷纠者不控卷，救斗者不搏撠，批亢捣虚，形格势禁，则自为解耳。今梁赵相攻，轻兵锐卒必竭於外，老弱罢於内。君不若引兵疾走大梁，据其街路，冲其方虚，彼必释赵而自救。是我一举解赵之围而收弊於魏也。”田忌从之，魏果去邯郸，与齐战於桂陵，大破梁军。

后十三岁，魏与赵攻韩，韩告急於齐。齐使田忌将而往，直走大梁。魏将庞涓闻之，去韩而归，齐军既已过而西矣。……庞涓……乃弃其步军，与其轻锐倍日并行逐之。孙子度其行，暮当至马陵。马陵道陕，而旁多阻隘，可伏兵，乃斫大树白而书之曰“庞涓死于此树之下”。於是令齐军善射者万弩，夹道而伏，期曰“暮见火举而俱发”。庞涓果夜至斫木下，见白书，乃钻火烛之。读其书未毕，齐军万弩俱发，魏军大乱相失。庞涓自知智穷兵败，乃自刭，曰：“遂成竖子之名！”齐因乘胜尽破其军，虏魏太子申以归。孙膑以此名显天下，世传其兵法。

魏惠王时期，以庞涓为将，先后伐赵、伐韩，两国均向齐国求援。军师孙膑分析，魏军主力皆出，都城必防备空虚，因此，齐军可作势直捣魏

① 司马迁著：《史记·孙子吴起列传》。

国首都大梁；而魏军主力必然回师来救，齐军则可在其必经之路上寻找险要地形设伏，以逸待劳；如果魏军主力不回师，齐军就直取大梁而灭魏。伐赵、伐韩的魏军果然回师，结果分别在桂陵、马陵被齐军伏击，两战之后，魏国彻底衰落，并向齐国称臣。孙膑两次使用连续博弈战略击溃不可一世的魏武卒，威震当世。

战国时期，不仅各诸侯英雄荟萃，在夹缝中求生存的周王室也时不时地涌现出能人。

【历史】《战国策·东周策·秦兴师临周而求九鼎》

秦兴师临周而求九鼎，周君患之，以告颜率。颜率曰："大王勿忧，臣请东借救于齐。"颜率至齐，谓齐王曰："夫秦之为无道也，欲兴兵临周而求九鼎，周之君臣，内自画计，与秦，不若归之大国。夫存危国，美名也；得九鼎，厚宝也。愿大王图之。"齐王大悦，发师五万人，使陈臣思将以救周，而秦兵罢。

齐将求九鼎，周君又患之。颜率曰："大王勿忧，臣请东解之。"颜率至齐，谓齐王曰："周赖大国之义，得君臣父子相保也，愿献九鼎，不识大国何途之从而致之齐？"齐王曰："寡人将寄径于梁。"颜率曰："不可。夫梁之君臣欲得九鼎，谋之晖台之下，少海之上，其日久矣。鼎入梁，必不出。"齐王曰："寡人将寄径于楚。"对曰："不可，楚之君臣欲得九鼎，谋之于叶庭之中，其日久矣。若入楚，鼎必不出。"王曰："寡人终何途之从而致之齐？"颜率曰："弊邑固窃为大王患之。夫鼎者，非效醯壶酱甀耳，可怀挟挈以至齐者；非效鸟集乌飞，兔兴马逝漓然止于齐者。昔周之伐殷，得九鼎，凡一鼎而九万人挽之，九九八十一万人，士卒师徒，器械被具所以备者称此。今大王纵有其人，何途之从而出？臣窃为大王私忧之。"齐王曰："子之数来者，犹无与耳。"颜率曰："不敢欺大国，疾定所从出，弊邑迁鼎以待命。"齐王乃止。

秦兵临周、志在九鼎——得九鼎者得天下，周王室和九鼎迎来了前所未有的严重威胁。在无力与强秦抗衡的情况下，东周只能求助于诸侯。此前，赵、韩、魏、燕等联军攻秦失败，赵军被斩首 8 万，士气受挫，韩、魏在秦军多次攻伐之下已经臣服；楚国被秦欺诈、连败、一蹶不振，不敢与秦国抗争。有能力救东周的只有齐国。颜率以九鼎和勤王的好名声做诱饵，成功地说服齐王派出名将田忌率兵 5 万助东周退秦兵。东周不愿束手将九鼎交给秦国，自然也不愿交给齐国。秦兵退去，齐国索要九鼎，颜率又帮齐王分析，派人运鼎时无论途经魏国还是楚国，九鼎都会被夺走。齐王最后只好放弃索要九鼎。颜率以连续博弈战略成功地帮助东周保住了九鼎。尽管就短期保九鼎的目标来说，东周的连续博弈战略是成功的；但连续博弈的特点在于其连续性，经此教训，齐王一怒之下，率军灭周怎么办？齐国以后还会再帮助东周吗？不知道东周君臣当时是否充分考虑了应对战略。不过，对疲于周旋于诸侯列强之间、摇摇欲坠的东周来说，也许只是走一步算一步。

《战国策》中类似的博弈事件还有不少。因此，尽管是美国人创立了现代博弈理论，但中国早在春秋战国时期已涌现出诸多杰出的博弈战略大师。

1.5.2 连续博弈战略应用

组织的发展和竞争是一个长期的过程，“一战定乾坤”的概率极低。在这个过程中，外部环境和内部条件都在持续变化，“敌我”战略都有可能发生调整、改变，连续博弈战略有助于及时调整产品、技术和市场布局，从而更好地应对动态变化的环境、条件。

【案例】小米与手机厂商的连续博弈

小米手机一问世就引发抢购，“米粉”数量快速增长，到 2014 年小米已高居国内手机销量排行榜首，“中华酷联”原有的国内市场份额遭到前所未有的挤压（除华为手机后来涅槃重生外，其余品牌基本淡出国内手机市场），但 vivo、OPPO 强势而来，也瞄准了潜力巨大的智能手机市场。

vivo、OPPO 是两个独立的手机品牌，同属步步高集团旗下，因此，虽然彼此之间存在竞争关系，但股东重叠、市场渠道部分共用。进入手机市场时，这两个品牌精心进行了定位：vivo 主打音乐手机概念，OPPO 主打拍照手机概念，巨大的广告投放力度叠加原来强大的线下渠道，2011 年下半年，OPPO、vivo 手机先后切入国内智能手机市场。

2011 年 11 月，vivo 发布自己的第一款智能手机 V1，支持 SRS 音效，音乐手机广告概念深入人心；2012 年 11 月，vivo 发布 X1，这是当时世界上最薄的手机（机身厚度 6.55mm），也是全球第一款整合 Hi-Fi 级专业芯片的智能手机，开启了 vivo 在音乐手机领域内的领航者时代。由于当时智能手机尚不普及、移动互联网还不够发达，因此，依靠线下渠道的强大覆盖能力和主推的音乐、拍照功能定位，vivo、OPPO 在三线以下城市及县城甚至取得了领先的市场优势。2012 年 12 月 2 日，OPPO 推出首款美颜手机 Ulike 2，前置 500 万 + 后置 800 万组合摄像头，成为女性自拍神器，俘获拥趸无数。这一年，OPPO 开始进入越南市场。

2012 年 2 月 26 日，华为发布了第一款搭载自主研发四核中央处理器的手机，该处理器由华为旗下子公司海思自主设计研发，是当年业界体积最小的四核处理器，打破了高通、德州仪器等美国芯片巨头的垄断；此后华为不断推出基于自研芯片的手机。2013 年，华为发布荣耀品牌手机，同样以性价比领先战略主攻中低端市场，开始上演王者归来：荣耀手机上市一年后，实现 2000 万部销售量、近 30 亿美元销售额，成为手机行业成长最快的品牌。

与此同时，各品牌手机全面入驻京东、天猫等电商平台，打通了互联网渠道。

早期受供应链和产能限制，小米手机一直供不应求，但小米已经感受到了友商咄咄逼人的潜在压力。手机新品的推出速度所限，小米手机（的功能定位）以一己之力难以对战各友商不同定位产品的“围剿”。在此情况下，小米首先瞄准了vivo、OPPO“起家”的下沉市场，2013年，小米推出了红米品牌智能手机，以799元的超低价冲击低端市场；与此同时，小米在当年6月8日首次参与电商大战，在京东、天猫等电商平台开放销售小米手机，拓展互联网渠道，并仿效OPPO的出海操作，选择了新加坡、印度等市场开始全球化。

OPPO不甘示弱，2013年，进入印尼市场，并于第二年在印尼建设第一个海外组装工厂；2014年，OPPO进入巴基斯坦、菲律宾和新加坡市场……但论海外市场拓展的时间、广度和深度，都无法与华为相比，因为早在2000年前后，华为做网络设备期间已开始与全球移动运营商建立了良好关系并设立分支机构，2013年华为手机出货量全球排名第三，仅次于苹果和三星……

在手机市场大战的同时，小米从2013年启动了多元化进程，开始快速构建自己的生态链，把市场范围从手机周边产品拓展到了更加广阔的领域。2014年，小米手环大获成功后，华为依靠雄厚的研发实力，也开始进入可穿戴智能设备领域，此后，华为手环、手表等陆续推出。

2014年，小米凭借小米4的畅销，当年国内市场占有率第一；华为则以7500万台的出货量奋起直追。

2015年，小米Note系列虽然设计出彩，但因为发热等质量问题销售遇阻，同时公司内部硬件研发和供应链管理出现问题，小米5迟迟不能问世，导致小米在2015年开始出现危机；华为手机则继续高歌猛进，全球发货量超过1亿台，勇夺2015年国内市场占有率第一、稳居全球第三。

这一年，OPPO稳扎稳打，推出巴萨定制手机R7 Plus，正式成为巴萨官方合作伙伴，并进入埃及和印度市场；vivo则与宝马、可口可乐成为首批微信朋友圈合作的广告主，vivo手机从自身的Hi-Fi基因出发，以向音乐致敬的广告理念亮相朋友圈。vivo、OPPO都显著加大了广告投放力度。

2016年，OPPO勇夺国内市场占有率第一。小米则由雷军接管了手机研发和供应链业务，2017 年推出小米 6 后再度成为爆款神机，并由林斌亲自主抓小米线下渠道的拓展，自研的澎湃芯片及搭载澎湃芯片的手机也成功发布。经历近两年的危机后，小米成功上演触底反弹，有王者归来之势；华为则发布了著名的高端旗舰手机 Mate10，搭载自研的、性能更加强悍的麒麟芯片，Mate 系列高端机以及 P 系列主打拍照功能的高端机，巩固了华为手机在国内甚至全球高端市场的地位，华为手机出货量逐渐超越苹果，成为仅次于三星的全球第二大手机厂商。2019 年 5 月，华为被美国列入实体清单，美国的制裁使华为手机逐渐迎来芯片危机，直到一度停产。华为不得已剥离荣耀，这样，荣耀手机不再受美国制裁。小米、OPPO、vivo 等趁机急推高端机型，抢夺华为被制裁而“腾”出来的国内高端手机市场……全球技术市场分析组织 Canalys2021 年上半年的调查分析报告显示：小米手机出货量有史以来首次超过苹果，位居全球市场第二，市场占有率达到 17%，取代了原来华为手机的位置；三星仍以 19% 领先，苹果公司以 14% 的份额位居第三，vivo 和 OPPO 分别以 10% 的份额跻身前五名，华为因为被美国制裁且剥离了荣耀品牌的缘故，榜单上已不见踪影。

各大厂商之间的连续博弈如图 1–13 所示，虚线为对方策略引发新的博弈，实线为厂商自己的策略推动的后续策略或结果。

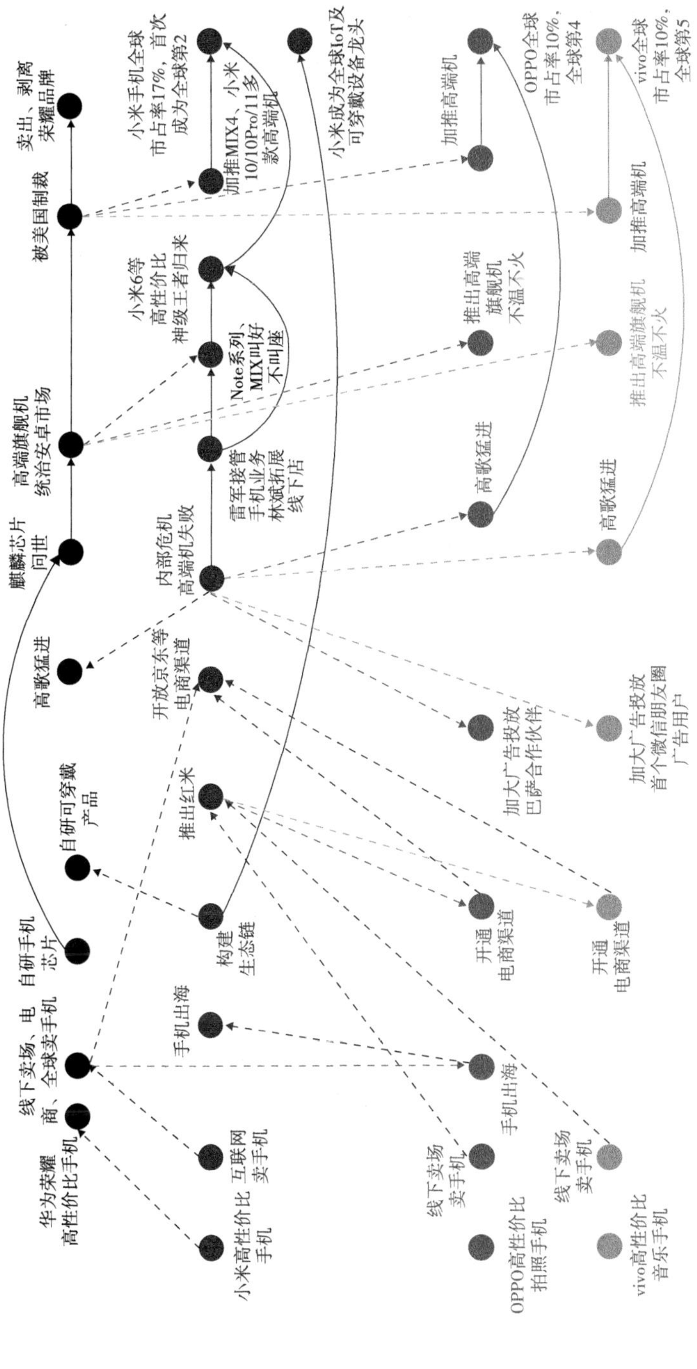

图 1-13　智能手机产品与市场连续博弈示意图

小米和友商在产品、市场等方面的竞争，充分体现出连续博弈战略是一组动态战略的集合，这使得战略调整或变化的周期更短。

1.6 多种战略并行

新战略类型分为资源领先、模式领先、性价比领先和连续博弈。这不意味着组织只能选取其中一种战略类型。实际上，在不同的发展阶段，组织完全可以采取不同类型的发展战略；甚至在同一时期，组织也可以同时实施多种类型的战略，从而实现不同凡响的战略目标。

苹果公司推出 iPhone 智能手机时，除了强化手机的用户效用、实施性价比领先战略外，还依靠公司原有的技术、人才等资源优势，实施了资源领先和模式领先战略：苹果推出的不仅仅是手机，还是一个生态系统。迄今，苹果公司仍以一己之力，抗衡整个安卓生态。因此，苹果的成功，是资源领先 + 模式领先 + 性价比领先战略并行的结果。

作为智能手机行业的追赶者，小米的成功，同样是多种类型战略并行的结果。

【案例】小米多种战略并行创造高速发展奇迹

❖ 初创阶段

雷军实施关系资源领先战略，组建了联合创始团队，开始实施人才、技术资源领先战略研发手机；

雷军实施资本领先战略，从创始团队、天使投资开始，持续进行股权融资，并建立团队期权激励计划，确保公司运营资金充裕；从创立到 IPO 上市的 8 年时间里，累计完成融资约 410 亿元人民币（见表 1–7）。

表 1–7　小米上市前融资记录表

融资时间	融资轮次	融资金额（亿美元）
2010.5.12	天使	0.1
2010.12.20	A 轮	0.31
2011.7.1	A+ 轮	0.41
2011.12.1	B 轮	0.9
2012.6.1	C 轮	2.16
2013.9.12	D 轮	1
2014.12.29	E 轮	11.34
小计		16.22
2018.7.9	IPO 上市	370 亿港元

实施关系资源领先战略，逐渐建立供应链资源优势；

实施模式领先战略，创新、推出用户开发模式；

在市场资源领先战略的基础上，继续实施模式领先战略，以用户开发模式吸引更多“米粉”加入 MIUI、开创粉丝模式；

“米粉”达到相当规模时，具备了市场资源领先优势，在此基础上继续创新模式领先战略，完全放弃了传统的线下卖手机渠道，开创互联网（官网）卖手机模式；

小米实施性价比领先战略，以 1999 元的价格进入手机市场，上市即脱销。

小米初创阶段的新战略实施汇总如图 1–14 所示。

❖ 高速发展阶段

小米初期的产能释放有限，导致手机供不应求，看起来没有竞争压力，但市场压力已扑面而来——华为作为老牌手机厂商，借助其与全球各移动运营商的良好关系，已经建立了遍布海内外的全球渠道，2013 年仍然稳居全球手机销量第三名；OPPO 和 vivo 则依靠步步高建立的庞大的线下渠道体系，迅速在三线以下城市的市场建立优势，它们首款智能手机正式上市销售的时间甚至比小米更早。

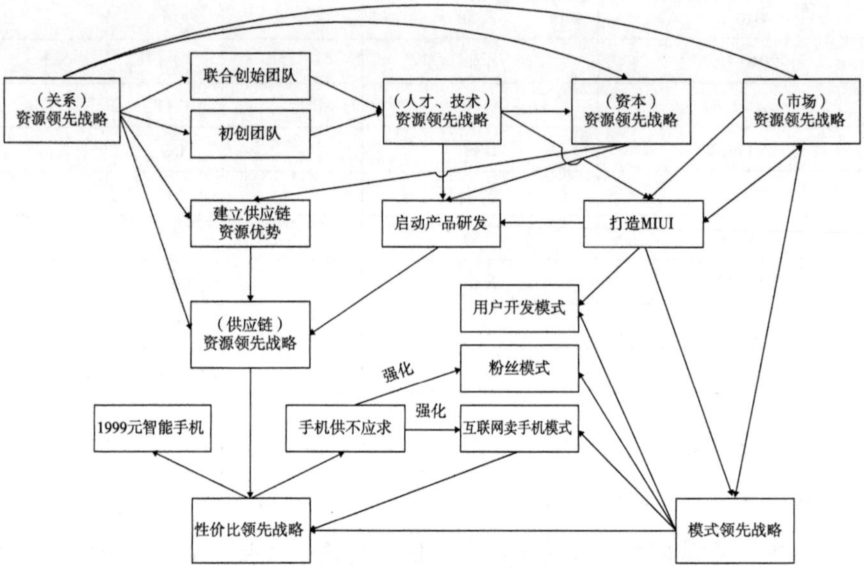

图 1–14　小米初创、成长阶段新战略实施示意图

小米的高速发展，一方面是智能手机市场需求持续、高速增长使然，另一方面是遇强更强，在与强大对手的竞争中实现了快速成长、发展。

这一阶段，小米战略的主旋律是连续博弈战略，即与各主要对手间在产品、市场上持续博弈。在博弈的基础上，小米继续实施资源、模式、性价比领先战略：

手机产品坚持性价比领先战略，小米 4 上市后成为“神机”，出货量超 6000 万台，助力小米在 2014 年排名国内手机市场第一；

实施模式领先战略，产品开始多元化，由手机延伸至手机周边，然后到智能硬件，最终延伸到生活消费，从互联网平台变成物联网平台；

在生态链的构建上，小米实施了模式领先战略，在并购和战略合作之间开辟了一条中庸之道，低比例投资入股 + 产品合作，让 400 余家生态链公司围绕在小米周围；在寻找生态链公司的过程中，实施了（关系）资源领先战略，从熟人创立的公司入手，提高了效率；生态链产品坚持性价比领先战略，小米依靠供应链领先战略，帮助生态链公司进攻上游供应链，拿到极好的供货价格；

市场体系拓展方面，小米因地制宜地开始了全球化进程，不同国家和地区采取不同的模式；同时依托海量的“米粉”，继续实施（市场）资源领先战略，开通小米有品，将销售的产品延伸到第三方品牌，并开始了线下实体店的拓展。

小米高速发展阶段的新战略实施汇总如图 1–15 所示：

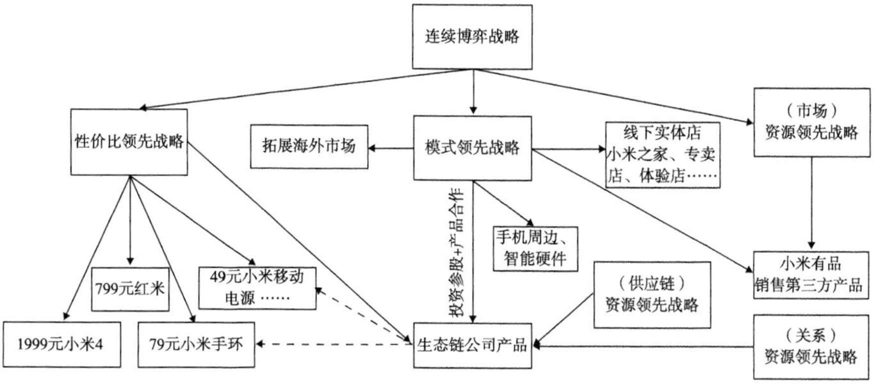

图 1–15　小米高速发展阶段新战略实施示意图

❖ 品牌升级阶段

华为研发成功麒麟手机芯片并推出基于麒麟芯片的 Mate 等系列高端手机后，在全球高端手机市场引起了极大关注，并且“统治”了安卓高端机市场；迭加荣耀品牌在中低端市场的持续开拓，华为超过苹果成为全球第二大手机公司。

华为的成功，既打击了小米，也激励了小米。小米渴望早日摘掉“性价比之王”甚至“低价之王”的帽子，尤其雷军重新接管手机和供应链业务之后，准备在研发固有高性价比手机的基础上，向高端手机市场突破，以提升品牌价值。

然而，品牌升级之路并不顺畅。友商普遍加强研发投入之后，MIUI不再有先发优势；小米 Note 系列、Mix 系列早期产品均因为这样那样的问题，市场表现差强人意。在华为 Mate、P 系列等高端手机持续升级迭代、叫好又叫座、“花粉”规模迅速增长的巨大压力之下，小米感受到前所未有的压力。

在小米立足之本的高性价比战略加持下，小米 6 成为新一代“神机”，助力小米手机走出低谷；与此同时，生态链产品继续“攻城掠地”，营收贡献不断扩大；在华为手机被美国实施制裁后，华为“腾出”了高端安卓市场，小米随即用前所未有的速度推出了 MIX4、小米 9、小米 10、小米 11 等高端手机产品，终于实现了在高端手机市场的突破。

小米的品牌升级之路仍需继续，因为其高端手机的销量占比较低。品牌价值的提升和积累是一个漫长的过程，我们期待小米继续成长。

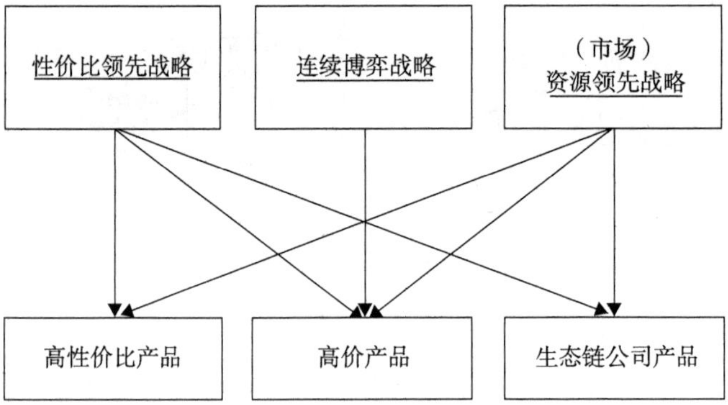

图 1-16　小米品牌升级阶段新战略实施示意图

因此，小米的成功，是并行实施资源领先战略 + 模式领先战略 + 性价比领先战略 + 连续博弈战略的结果。小米未来的巨大挑战在于，持续扩张的战略目标、庞大的产品线与偏弱的管理系统之间的矛盾——任意一款产品出现质量等问题都会损害小米的品牌和声誉。

又如，实施聚焦战略的核心在于组织紧紧围绕目标进行运营。在实施聚焦战略的过程中，往往有必要集中一切有效的资源（人才、技术、市场、资本、关系等）助力实现战略目标——这意味着在实施聚焦战略的同时，可能并行实施了资源领先战略。

综上所述，新战略分为资源领先、模式领先、性价比领先和连续博弈四大类，分别又分为多个子类——新战略在理论上具有精细性；组织在选择、实施战略过程中，可以是单子类或单类战略，也可以多子类甚至多类战略并行；组织可以是国家，也可以是企业、企业的部门甚至个体——新战略在实践中具有包容性。

新战略具有精细性和包容性，大到国家和地区的发展，中到企业的市场突破，小到个体的职业或投资规划，都可以在其战略分类中找到适合自己的战略。

第二章　新战略落地“四部曲”

再高大上的战略，必须落地。

资源领先战略是要素驱动，我们拥有的资源到底是否具有优势？能否足以驱动我们达成战略目标？

模式领先战略是创新驱动，我们的模式是否有创新？是否具有成功实施的商业逻辑？

性价比领先是产品、服务让用户心动，我们的产品、服务是否优秀到足以打动用户？

连续博弈战略是竞争驱动，我们如何应对来自竞争对手的反击？

正确的战略固然可以提高实施效率，但是如果方向错了，岂不是南辕北辙？做正确的事胜于正确地做事！在实施新战略之前，应进行充分的分析、规划和准备。

2.1 “战略管理四部曲”模型概述

新战略应用过程包含战略分析、战略规划、战略实施、战略评估四大流程和模块，它们在实施顺序上是依次但不是单向进行的——其中结合有反馈流程：战略规划完成后，并不是马上组织实施，而应将规划结果产生的数据等代入分析模型进行验证，确实可行之后才进入实施流程，否则需要重新进行战略分析、规划更适合的战略；当内、外部条件发生显著变化时，原有战略的适用性会受到显著影响，甚至不再适用——战略评估流程除了评估、反馈组织内部实施问题，更重要的工作是监测、评估、反馈组织内、外部条件的重大变化，必要时需根据这些反馈重新进行战略分析、规划，进而完成一次战略迭代。

这使得新战略管理成为一个系统、动态、闭环迭代的模型，简称为“战略管理四部曲”，如图 2–1 所示：

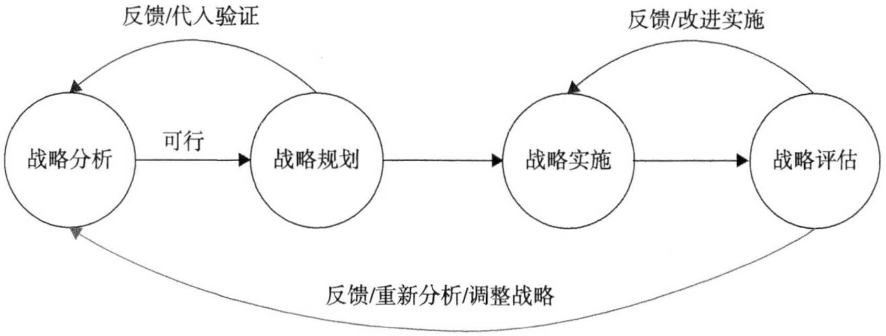

图 2–1　“战略管理四部曲模型”示意图

在战略实施开始后就要跟进评估，这样能保证及时地发现问题、解决问题。

在战略评估过程中，如果实施效果与预期一致，则意味着相关战略的实施计划将顺利完成；如果实施不顺利因组织内部条件引起，则应该反馈并结合实施情况，完善组织管理、资源配置和实施机制，提高实施效率、补足之前未完成的计划；如果实施效果与计划出入较大，组织内、外部条件发生了显著的变化，导致战略分析、规划过程中赖以支撑的因素发生了改变，则应该将变化了的条件、数据反馈后重新启动战略分析、战略规划等流程，完成战略迭代和调整，再进入实施流程，循环进行。

那么，为什么不是实施过程直接反馈而是在评估后进行？

实施部门只是战略的执行者，其主要任务是按照既定计划不折不扣地执行。如果要求实施部门自行评估、反馈，既可能影响实施效率，也可能不够客观。因此，评估和反馈一定是由战略评估部门而不是实施部门做出的。

总体上，运用“四部曲”模型管理战略时，其相对充分的战略分析、规划过程以及战略规划阶段的反馈，确保了战略规划的可行性，如果实施准备充分，短期内不应出现战略评估后重新进行战略分析和规划的情形，从而避免了无谓的战略损失。

“四部曲”模型运行的结果，形成了一个有序的、动态的、闭环迭代的战略管理系统，确保组织采取的战略始终有效。

2.2 解码“4+1”战略分析模型

2500 年前，中国人的战略经典《孙子兵法》耀世而出，其“五事七计”的战略分析方法从“道、天、地、将、法”（五事）及“主孰有道、将孰有能、天地孰得、法令孰行、兵众孰强、士卒孰练、赏罚孰明”（七计）分析胜败，开创了“未战而知胜败”“运筹帷幄之中，决胜千里之外”和“战胜于朝廷”的大战略时代。“夫未战而庙算胜者，得算多也；未战而庙算不胜者，得算少也。多算胜，少算不胜，而况于无算乎！吾以此观之，胜负见矣。”孙武高度重视战略分析，认为分析得越全面、准确，胜算越大；否则胜算小甚至失败的概率高。

市场竞争与战争相似，失败率很高，一代兵圣面对战争尚如此审慎、严谨，我们有什么资本不进行战略分析就直接实施？战略分析，不是围绕我想要做什么，也不是为“我想要怎么做”寻找依据或支持，这样的分析会带上主观色彩，一些客观的数据和信息要么被过滤掉，要么被修改或者有意识地向固有结论倾斜。战略分析解决能不能做、应不应做的问题，即可行性分析——分析结果如果是错，就不应也不必再去试错！

可行性分析不是凭直觉拍板，而需要理性、客观、全面的分析——战略分析需要工具或模型。分析的对象包括外部环境和内部条件两大类，每一类均包含很多具体的因素，既有宏观因素，又有微观因素；既有定性分析，又有定量分析。

战略分析之所以令人感觉较“虚”，是因为缺乏行之有效的分析工具。在此，我们紧紧围绕四大战略类型，把宏观政策分析、行业发展分析、对手分析、自我分析四大方面（涉及数十个子项）作为输入项，在定性和定量分析的基础上输出分析结果，借助大量的图、表和量化方法将分析过程全面落到实处，这个战略分析模型称为“四进一出”战略分析模型，简称“4+1”模型（见图 2–2）。

职能以实施、执行为主的小型组织如公司的部门等，不必再分析宏观政策和行业发展，采用对手分析 + 自我分析 + 分析结果的“2+1”模型即可。

2.2.1 自我分析

自我分析是内部条件分析。

“知己知彼，百战不殆”。任何时候，我们既不能妄自尊大，又不宜妄自菲薄。自我分析的目标是发现自己的战略优势，包括绝对优势和相对优势——绝对优势能使自己做到最好，相对优势能做最好的自己。

自我分析主要围绕四大战略类型及其 20 余个细分子项展开，如图 2–3 所示。

（1）资源

分析自己拥有的各项资源，有助于判断是否实施资源领先战略。

无论组织是否以实施资源领先战略为主，强化组织的资源优势都将提高组织的运营效率。缺乏资源，应及时发掘资源、整合资源，为我所用，否则必然在发展过程中遇到困境——资源要素中包含关系组织生存、发展所需的终极要素。因此，自我分析过程中应将资源分析置于首要的位置。

充分进行资源分析，理性地发现自己的优劣势，进而更加清楚地知道自己应该做什么、如何做才能够发挥固有的资源优势，或者需要发掘哪些资源来补短板，进而破除我想做、我要做什么的固有感性执念。

❖ 人才

孙武从“智、信、仁、勇、严”五个维度考察领军将才，对于核心人才、团队，至少应评估“智力、技术、领导力、价值观”这四大方面。

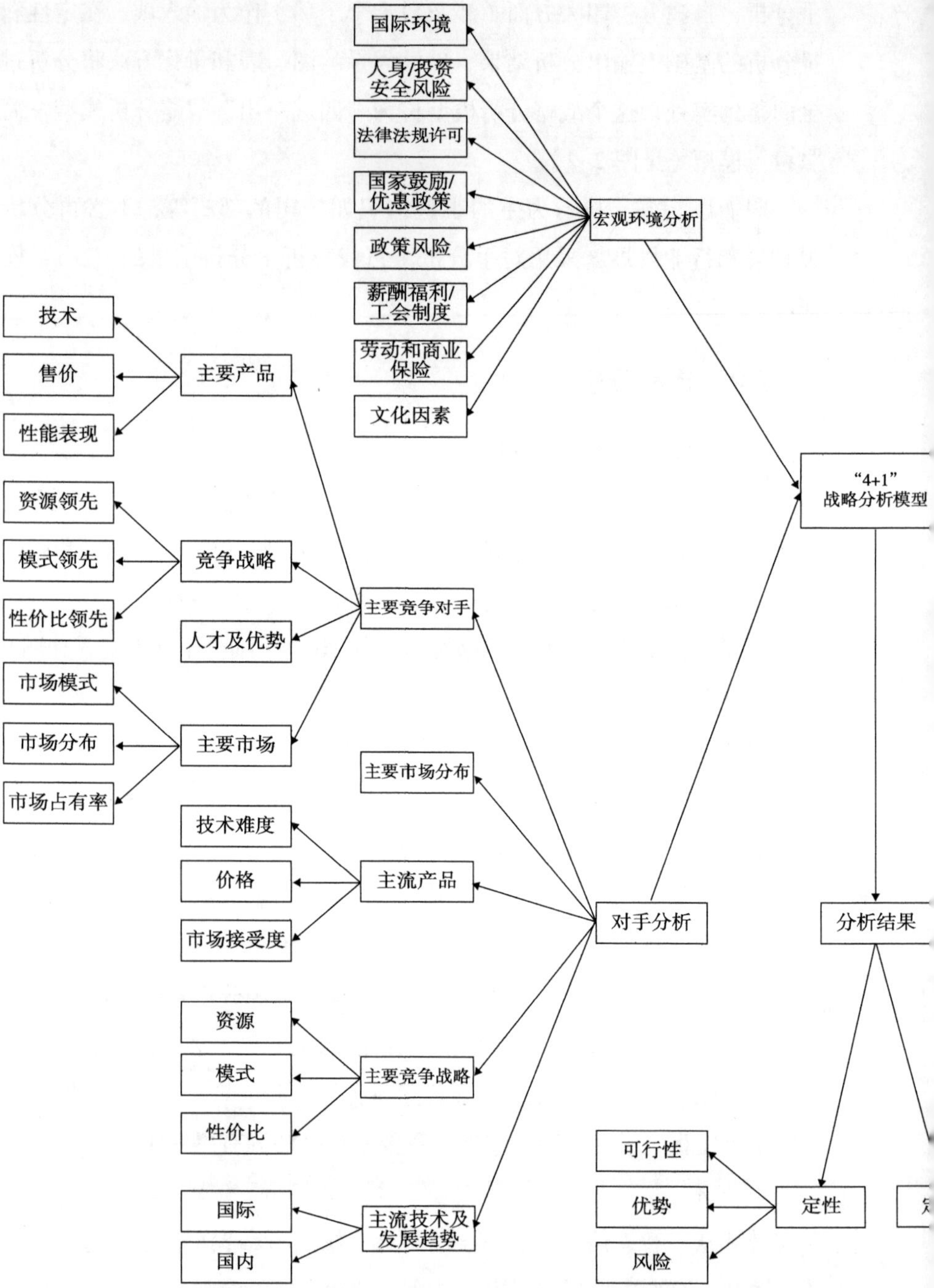

图 2-2 "4+1"战略分析模型示意图

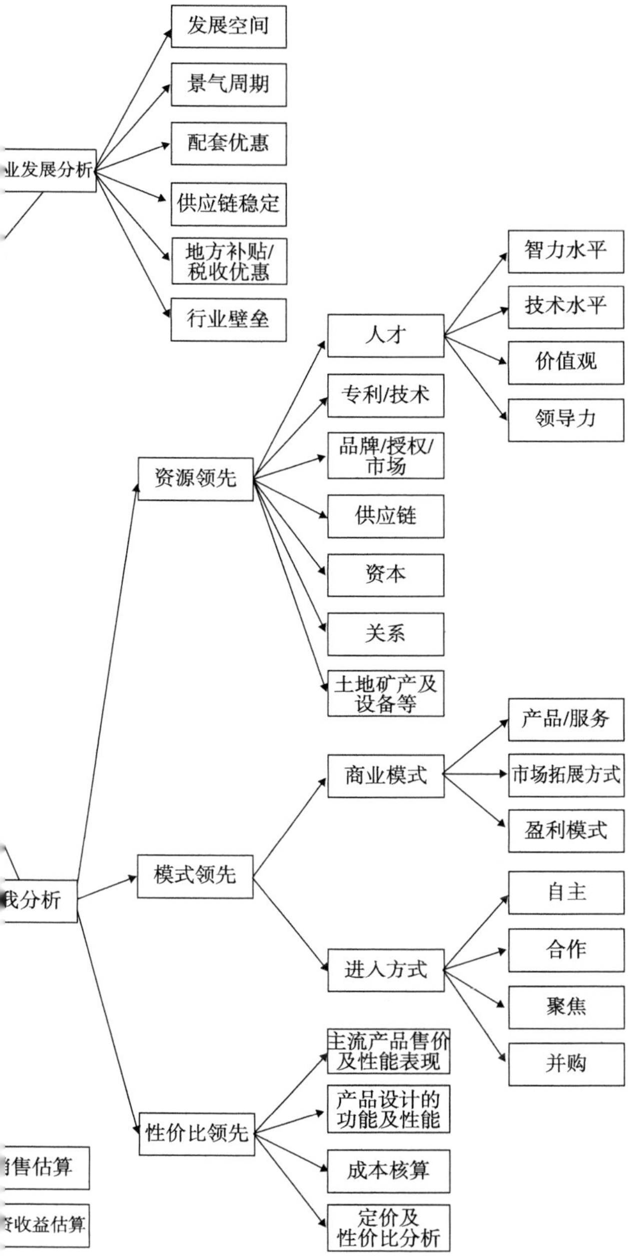
业发展分析
发展空间
景气周期
配套优惠
供应链稳定
地方补贴/税收优惠
行业壁垒
我分析
资源领先
人才
智力水平
技术水平
价值观
领导力
专利/技术
品牌/授权/市场
供应链
资本
关系
土地矿产及设备等
模式领先
商业模式
产品/服务
市场拓展方式
盈利模式
进入方式
自主
合作
聚焦
并购
性价比领先
主流产品售价及性能表现
产品设计的功能及性能
成本核算
定价及性价比分析
售估算
收益估算

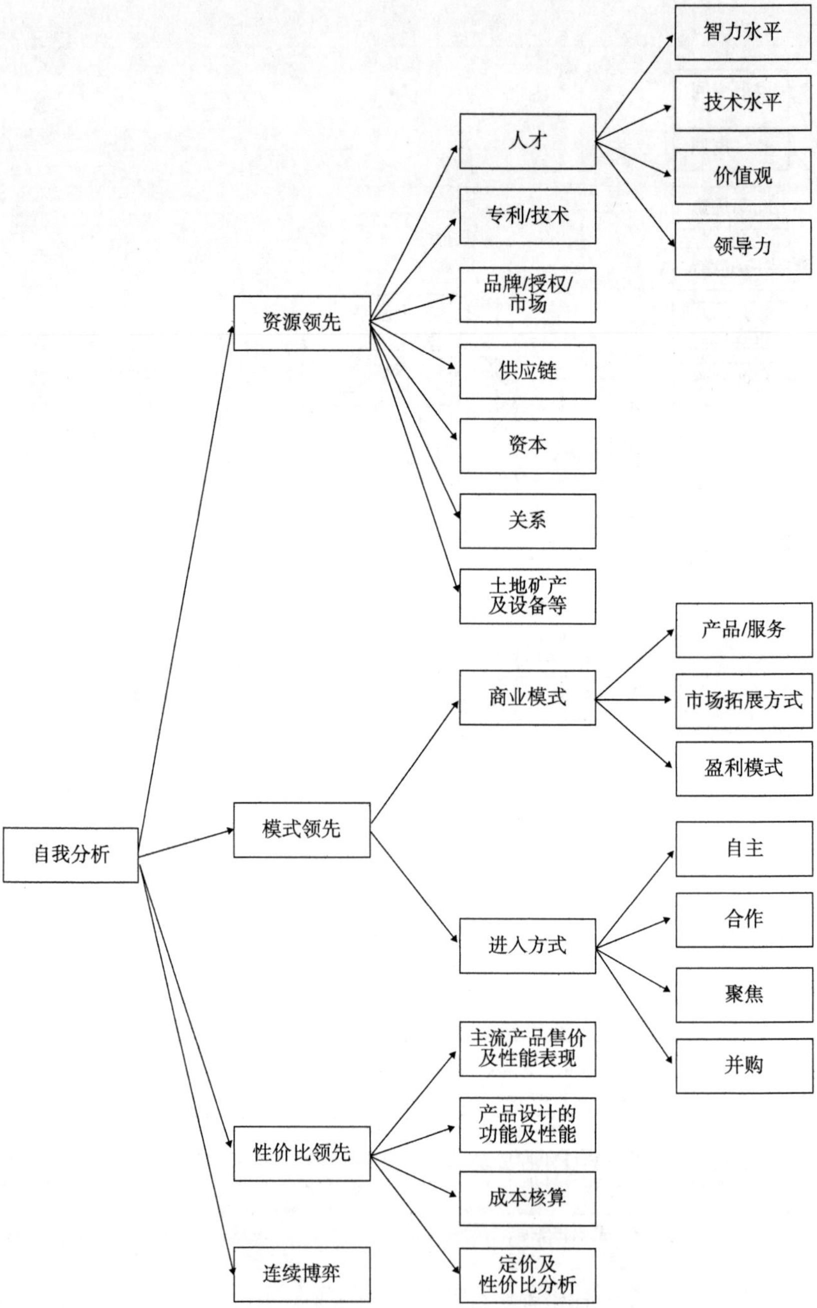

图 2-3　自我分析因素示意图

智力水平决定效率、持续学习能力和技术或市场攻坚等能力，难以通过培训提高，因此，对于技术密集型的组织，效率很大程度上取决于人的智商或行业天赋，评估人才时应将智力水平置于首要的考量因素。

技术水平决定人才当下的价值。由于技术迭代速度越来越快，当下的技术领先优势未必持久，如果持续学习不足，其未来价值趋减。因此持续学习能力在很大程度上决定人才未来技术水平进阶的高度，而持续学习能力很大程度上取决于智力水平。常规技能、领导力、情商等都可以通过培训、练习得到提高，而智力和出类拔萃的天赋难以通过培训、学习而提高。因此，智力 + 技术决定了人才的技术天花板。

任何技能性工作，要达到顶尖水平，没有相应的智力水平即天赋是不可能实现的。在人才招聘和测评过程中，为什么微软、迈肯锡、华为等巨头首要重视智力水平？更高的悟性、更强的持续学习能力、更高的效率、更低的培训和管理成本……这样的一个人抵得上泛泛的一伙人……小米、华为等新经济企业为什么能够创造超高速发展的神话？因为他们的核心技术人才，招聘时首要注重的都是高智力水平的人才，为以后高效率的技术迭代、产品研发等奠定了基础。

领导力，包含五个方面：以身作则、共启愿景、挑战现状、使众人行、激励人心[①]。互联网时代将企业的发展速度提升到前所未有的程度，阿里巴巴、腾讯、美团、今日头条、小米等企业都是用了数年时间实现了传统企业数十年才能够达到的规模，短期内需要管理的员工规模数以万计、资金规模数以亿计，缺乏领导力的核心团队难以有效驾驭这一切，无法实现高效率、大规模的发展。领导力是针对部门经理及以上带领团队的岗位人才而言的，由于在完成个人工作的前提下还需要带领团队实现团队目标，因此领导力不可或缺。高智商、技术水平高未必代表有领导力，但某些技术性部门的负责人需要有较强的技术背景，否则难以高效地管理好团

---

① 〔美〕詹姆斯 · M. 库泽斯、巴里 · Z. 波斯纳著；徐中、沈小滨译：《领导力》，电子工业出版社 2009 年 1 月第 4 版。

队。即：应避免外行领导内行的情况出现。对于“单兵作战”的岗位，暂时无需考核人才的领导力。在后天的学习、培养和锻炼过程中，领导力是能够提升的。

价值观，相当程度上决定组织能走多远、多久。核心团队的价值观构成了组织文化的灵魂。价值观不仅仅通过动人的语言或口号体现，更重要的是通过行动体现。“言”可以撒谎，“行”无处可藏，具有直观而强烈的示范效果。是喜欢独裁还是民主？是独占利益还是喜欢分享？是重用能人还是提拔亲信？是独自提高还是喜欢传、帮、带？不同的行动宣示了不同的价值观，将在相当程度上决定凝聚力、领导力和效率。

招聘新人时，价值观很难通过评测或短期接触来准确探知，因为可以做假，只能在相对长期的合作过程中了解和发现。在组织发展的不同阶段，在个体需求的不同层次，价值取向有可能会发生变化，其可变性导致更加难测。组织用人的原则，我们倡导才在德先。因为就衡量标准和难易来说，才比德更容易衡量；就效率来说，才华将给组织带来更好的收益；就管理来说，其实大多数人的德（人性）相差不多，可以通过相对完善的制度、流程和足够的激励进行约束，用其长处、不给他们用智力和权力破坏组织的机会，能够使组织高效发展；相反，如果依靠“德”来自我约束，其可靠性相当低，价值观的改变将使人失德，在巨大的诱惑面前，绝大多数人的“德”、人性经不起考验。

在一些相对传统、“稳定压倒一切”的大型组织内部，德才兼备、德在才先是基本的用人标准，因而“伟大”常常是熬出来的；而放眼全球真正伟大的企业，以及中国近20年来快速发展起来的互联网等行业巨头，他们的“伟大”不是“文火”熬出来的，而是“大火燃出来的”，是依靠资源领先（人才、技术、资本等）战略或模式领先战略等快速迭代、创新、发展起来的，领军、代表人物和中层主管日益年轻化。为避免创业元老的“熬文化”，华为高层曾以身作则，率先集体辞职后再重新竞聘上岗。因此，在更具活力的组织内部，应倡导“燃”文化而不是“熬”文化，一

“燃”一“熬”，快慢、高下已见分晓。

市场竞争，除了资本因素之外，最核心的就是人才的竞争。在社会分工日趋细化的今天，人的作用，尤其是团队的协作显得越发重要。“一个好汉三个帮”，“找人”是老板们在“找钱”之外最重要的工作。“找到正确的人才能够在正确的方向上正确地做事”，助力公司更快地发展[①]。

从上述四个维度分析自己拥有的人才资源（可分为管理、技术、市场、财务等不同类型），发现他们的优势和不足，评价组织在人才资源方面的客观实力，知可为、知不足，必要时应寻找更好的人才补充资源实力。

❖ 专利、技术

长期看，专利、技术的价值是以其能够创造的收益衡量的；而短期，如果是成熟、具备马上投入商用的技术，可以其研发成本作为最低估价；如果欠成熟、需要继续投入资金研发，则其估价应约定为：预估的总研发成本 – 研发实际投入[②]。因此，应正视自己拥有的专利、技术等无形资产的价值及其在市场中的客观地位。总的来说，拥有专利对品牌打造、市场拓展等终究是好事。然而，受制于专利类型、申请机制等因素，大量的实用新型专利和外观专利价值有限，大量的发明专利创新性有限，很多专利、技术甚至需要继续大规模的研发投入才能转化成有应用价值的技术或产品，这样的专利或许有壁垒作用，但能创造的潜在收益或相对有限。当前，技术迭代的速度越来越快，对于专利、技术的优势应有充分认识，正确评估能够保持技术领先的时间周期，并且考虑持续研发计划，避免盲目自信。因此，并不意味着拥有了专利或技术就身价、优势大增，而需要结合并对比行业发展分析中的主流技术和技术发展趋势，具体技术具体分析。

此外，拥有技术并不意味着一定能生产出高质量的产品。这其中还有

---

① 于胜著：《股权最重要的事》，中国人民大学出版社 2020 年 1 月第 1 版，第 234 页。

② 于胜著：《股权最重要的事》，中国人民大学出版社 2020 年 1 月第 1 版，第 46 页。

一个技术向产品转化的系统过程。一个产品，高技术含量的确是成功的基础；但是，技术只是产品组成的一部分，生产一个好产品除了技术以外，更需要无数个细节上的精心设计与精益求精的改进过程，而这些过程经常与高技术无关，它们需要更强的责任感、更丰富的产品经验和更好的质量控制等。

【案例】折戟热敏打印机

20年前，微型热敏打印机（80mm宽及以下，主要用于超市收银、彩票打印等）市场为日本Epson、Star等企业垄断。中国有几家公司基于日本的热敏微打机芯，成功地开发出打印控制板和内置POS机的微打模块，但是一直没有推出独立的微打产品。

2003年初，日本精工新推出了一款速度更快并支持图形传输指令的微打机芯，我们立即以该机芯为基础组织研发控制电路板。三个月后突破了核心技术，制成了控制电路板，可以将打印的内容以图形（所见即所得）方式发送到热敏机芯、高速打印，二维码的打印变得简单。当时，这项技术领先于微打控制领域。在成功地将打印模块集成在POS终端后，我们决定开发自有品牌的热敏微型打印机产品。

我们委托深圳一家工业设计公司进行打印机设计。设计完成后，开始试制、测试。整个打印机除了机芯、控制电路板等原有模块，增加了外壳和数十个塑料及金属零部件（安装固定、配重等）。样机的组装过程很顺利，并于2003年10月参加了在上海举行的国际打印行业展，引起了日本精工的高度重视——这是全球第一款支持图形指令的微型打印机整机产品！然而这款样品机始终没有变成产品上市。作为一个内置打印模块，它运行很顺畅；安装成独立的打印机产品后，暴露出来易卡刀、复位不稳定等多个工业设计或部件精度导致的问题——部件、机械机构的精度和装配等与核心技术几乎不相关的机械问题影响到了产品的正常工作！

一个好产品 = 技术 + 设计 + 精益制造 + 质量 + 性能（用户体验）+……拥有好的技术不代表一定能做出好的产品。因此，在分析研发和技术能力的过程中，技术转化为产品的时间周期、成本和难度要估计充分，突破核心技术后的细化和精益求精过程可能花费更长的时间，并且存在风险。

❖ 品牌、授权、市场

品牌、授权、市场能力或资源是未来为组织创造价值的重要因素，对销售、服务类为主的项目来说至关重要。对自主品牌，应客观分析品牌在市场上的影响力和价值；对取得的授权，应分析、估算品牌引发的额外引流能否覆盖品牌溢价（授权费 – 市场常规品牌授权费用）；对（潜在的）市场能力或资源，能否与预期一致落到实处非常关键，不能停留在想当然的层次上。由于影响市场的因素众多，且原有销售模式、引流方式和营销媒介等的失效都会影响市场变现，因此，当这些因素处于迭代节点期间尤其应引起重视，避免过高估计自己的市场资源优势。

例如，2014 年开始，网络取代电视成为国内第一广告媒介，此后网络广告的市场份额持续增长，电视等传统媒体广告的份额持续被挤压；2016 年开始，随着“骚扰电话”“广告推销”等电话标注功能的普及，电话营销模式开始步入“熊途”；随着移动互联网的高速发展，同期逐渐失效的还有会议营销、直销等模式；对应的是固守上述传统模式销售的保健品等品牌、市场份额的衰落。

市场资源的过气与技术落后一样，价值将大打折扣，甚至不再具有优势。因而应该结合相关要素客观分析。

❖ 供应链

生产或销售产品的企业都应分析、评估自己的供应链是否具有优势。所谓的优势包括很多方面，例如：成本、供货周期、物流效率、定制研发实力、可持续性、稳定性、交付能力等。

但规模以上企业理论上应在供应链方面有备份，重要的原材料应具备多家供应商以避免被挟制——单就战略效率而言，将供应商一分为二甚至更多无疑将增加成本，因为失去了规模经济；此时，稳定发展被提升到更高的高度。当它的供应商、工作岗位等都设置了“备份”之后，总成本将增加。而锚定一条供应链、建立相对长期稳定合作关系的小规模企业，反而会以更低的成本和较好的研发支持获得战略优势。

由于价格信息日趋透明，供应链是否具有优势很容易评估。

❖ 资本

按照先天投入、后天股权融资、债券融资、金融工具四个方面分析自己是否存在资本优势、存在怎样的优势。

先天投入能力包括启动投资和后续的跟进投资，因为大部分项目在启动之后未必具备自我造血功能，如果不跟进投资，可能难以为继。后天股权融资能力是指引入投资者的能力，即项目的启动和运营费用不必全部自己承担，拥有找到合伙人和投资人的能力。资本密集型的项目，后天股权融资将起到重要的作用；如果这方面资源欠缺，则应尽快整合资源补齐短板，否则可能影响后续的战略规划。

【案例】团购网站的资本游戏

2010 年，团购被引入中国。这种将线上预订与线下消费结合在一起的模式被称为 O2O 模式，很多国内投资机构看好这种创新的模式和发展前景。2011 年，在中国的大城市中掀起了团购热潮，全国共有数千家团购网站诞生、运营。在这些团购网站中，既有融资数以亿元计的拉手网、糯米网、美团、大众点评等行业巨头，也有名不见经传的个人团购网站。

拉手网、美团等融资成功后，花费数亿元的巨资在电视、户外媒体、纸媒以及互联网媒体等投入广告，并在全国范围内疯狂扩张。其他团购平台也不甘示弱，都试图依靠资本投入扩大市场份额。然而受制于其盈利模式，团购平台扩张所带来的收益远远不能弥补巨大的广告投入和人员等费用开支，平台的生存和发展很大程度上依赖资本的力量。

在资本逐渐冷静下来后，几乎所有团购网站遭遇了现金流危机。仅

2011年底到2012年上半年，就有超过1500家团购平台倒闭，包括一些已经成功融资数轮、较大的平台。美团无奈中开始转型、切换商业模式，曾经的领军者拉手网最终淡出市场。

团购，这种曾经被投资机构看好、追捧的模式，很快被资本放弃，经历了冰火两重天。

资本是逐利的。他们会试错、犯错，一些机构甚至会产生短期投资损失。投资机构在一个行业、一家公司的损失，或许可以通过其他项目的成功投资弥补。然而对于创业者、项目发起人，失败之后再次崛起将极为艰难，因此应客观分析自己的股权融资能力。资本喜欢锦上添花，鲜少雪中送炭，无利可图时他们会决绝地转身离开。

除了自主投入和股权融资，公司还可以通过债券融资。对于非上市公司而言，则主要指举债能力。低成本的债务将减小财务负担，否则将给运营和财务管理带来较大的压力。但低成本的债务不容易取得，需要彼此信任或拥有足够的抵押资产。对处于高成长阶段、运营效率高的公司来说，债券融资将起到正向的杠杆作用。

此外，还要分析自己是否拥有熟练掌握利用金融工具平抑价格波动对利润影响的能力或人才。

❖ 关系

分析能够在政策（包括优惠、补贴等）、市场、技术、供应链、资本、行业壁垒等各个方面提供帮助的关系资源，落实各个关系为项目发展产生的直接或间接作用，并尽可能量化。

关系资源的分析、论证关乎项目启动和运营过程能否顺利，因而应充分论证、落实重要环节涉及的关系，最好能够确认直接效果，否则实施过程会与预期结果差距较大。

❖ 土地、矿产及设备等

有形资源、资产的分析最为简单，不再赘述。

对自我进行资源分析的结果，应汇总到一张表格中（见表 2–1）：

表 2–1　自我资源分析详情统计表

项目	类型	优劣势分析	创造价值或降低的成本	备注
人才				
专利、技术				
品牌、授权、市场				
供应链				
资本				
关系				
土地、矿产、设备				

如表 2–1 所示，“类型”是指各资源子项的具体分类，例如，人才可分为管理、技术、市场、财务等不同类型；专利、技术可分为已经取得的专利、专有技术、自主研发成熟的技术以及需要继续研发的技术等；品牌、授权、市场可分为自有品牌、代理或加盟品牌、授权、市场渠道或流量资源等；供应链可按产品流程、环节细分；资本可分为自主投资、股权融资、举债、金融工具等类型；关系可分为政策、市场、技术、供应链、资本等类型……

“优劣势分析”是与主要竞争对手逐项对比。

“创造价值或降低成本金额”是将各资源子项的效果量化分析，列出该子项能够在未来一年或计算周期内创造的价值或者能够节省的费用。

（2）模式

如果项目付诸实施，准备以怎样的模式启动？是否能够实施模式领先战略？这需要参照模式领先战略的各个子项逐一分析。

不少创业者可能认为自己公司的模式会颠覆原有行业模式，成为新的独角兽和领军者，结果却碰得头破血流。其原因可能就是缺乏充分、有效而理性的分析。

任何模式的成功，仅仅依靠模式本身的创新性、吸引力是不够的，还需要人才、资本、市场等多方资源的合力，将模式落地。我们进行充分的战略分析、自我分析的重要目的之一是做正确的事，让我们在实施过程中所做的一切都成为未来成功的“因”。即：让战略（资源、模式等）转化为达成战略目标的“因”和充分条件。只有这样，成功才具备逻辑、才能够复制，而不只是靠运气。

❖ 创新商业模式

商业模式是战略落地的关键要素之一，但商业模式创新并不容易。通常情况下，新技术或新应用会推动商业模式的创新浪潮，我们在过去 20 年所经历的 IT 技术和互联网、移动互联网、大数据等应用都推动了商业模式的广泛创新。我们的产品、技术、服务是否能够更新用户体验？市场体系及其拓展方式是否令合作伙伴和用户耳目一新？盈利模式是否独树一帜且可持续？被仿制的壁垒如何？等等问题都是需要认真分析的，而且最好有至少一项能够具有优势。

表 2–2　商业模式自我分析表

分析项目		详细分析	备注
产品、技术	创新性	与行业主流技术和产品比较	
	领先性		
服务	用户体验	提升的方式	支付、物流效率、服务方式、服务技巧
市场体系	线上	自营网站	
		电商 / 微商 / 直播等	
	线下	直营	人才、团队
		加盟	资源、定价、定制度
		代理 / 经销	定级、定价、定制度
		直销	经营许可、团队
拓展、营销方式	广告	拥有的媒体及平台资源或有竞争力的合作方	媒介、平台、方式、力度
	口碑传播		平台、方式、团队
	短视频		平台、团队、合作方
	直播		

续表

分析项目		详细分析	备注
	会议营销	拥有的行业、市场资源	团队、合作方、培训体系
	活动营销		
盈利模式	To B	中间商	定价、定制度
	To C	终端客户	
	第三方		
其他	返利 / 分润	渠道 / 用户	定价、定制度
	促销	周期、对象、力度	预算
	上下游合作	（含支付）关系等	稳定性、可靠性

❖ 加入竞争的方式

不同的宏观环境，不同的行业发展状况，不同的竞争条件和自我条件，决定了不同进入方式的效率、效果将有所不同。因此，应结合后述的宏观环境、行业发展、竞争对手情况等，分析、论证拟采用的进入方式。

表 2–3　进入方式自我分析表

分析项目		优劣势分析	备注
自主发展模式	人才 / 技术	充分结合商业模式、竞争对手情况	自主发展意味着不借力行业市场现有供应链和渠道商等资源，因而往往有较大创新
	资本		
	市场		
合作发展模式	产品	研发、供应链、生产、物流等	分析协同效果
	市场	结合商业模式、竞争对手情况	
聚焦模式	资源	同上	分析资源整合的聚焦效果
并购模式	参股	对象、估值、协同	分析投资收益和协同效果
	收购		

（3）性价比

性价比与产品或服务的成本、价格和用户效用相关。产品面世前，由于价格尤其用户效用难以准确预测，首先应进行相对准确的成本分析。战略管理者不必精通会计，但必须了解财务、能够进行基本的财务分析，从而更易做出理性的决策。

❖ 成本分析

成本可以分为三大类，一是生产成本（西方经济学称为“可变成本”），二是摊销成本（西方经济学称为“固定成本”），三是加总的总成本。

如果产品自主生产，则生产成本包括：原材料采购、生产、包装、运输以及生产过程中引发的人工、水电等直接成本；如果生产外包，则生产成本更加简化；如果提供的是服务，则生产成本主要是服务者及相关人员的工时薪资等。

摊销成本包括固定资产租赁及折旧、管理和市场等人员薪资、营销费用、管理费用、研发费用、财务费用等的摊销。当产销量不够大时，摊销成本对平均总成本的影响大；当产销量足够大时，摊销成本的影响将很小。

假设项目拟推出的产品以委托加工方式生产，前三年计划产销量平均为 X 个 / 年，则相关成本简要汇总、估算如表 2–4 所示：

表 2–4　产品成本分析表

<table>
<tr><td>列 / 行</td><td>A</td><td>B</td><td>C</td><td>D</td><td>E</td></tr>
<tr><td>1</td><td colspan="2">成本项目</td><td>金额（元）</td><td>年产销量（个）</td><td>X</td></tr>
<tr><td>2</td><td rowspan="6">生产成本</td><td>原材料</td><td></td><td rowspan="6">平均生产成本（元 / 个）</td><td rowspan="6">=C7/E1</td></tr>
<tr><td>3</td><td>加工费</td><td></td></tr>
<tr><td>4</td><td>包装费</td><td></td></tr>
<tr><td>5</td><td>仓储费</td><td></td></tr>
<tr><td>6</td><td>运输费</td><td></td></tr>
<tr><td>7</td><td>小计（元 / 年）</td><td>=sum（C2:C6）</td></tr>
</table>

续表

<table>
<tr><th>列/行</th><th>A</th><th>B</th><th>C</th><th>D</th><th>E</th></tr>
<tr><td>8</td><td rowspan="19">摊销成本</td><td>房租（元/年）</td><td></td><td rowspan="19">平均摊销成本（元/个）</td><td rowspan="19">=C26+C25/E1</td></tr>
<tr><td>9</td><td>折旧（元/年）</td><td>=采购价/折旧年限</td></tr>
<tr><td>10</td><td>工资（元/年）</td><td></td></tr>
<tr><td>11</td><td>五险一金（元/年）</td><td></td></tr>
<tr><td>12</td><td>福利费（元/年）</td><td></td></tr>
<tr><td>13</td><td>差旅费（元/年）</td><td></td></tr>
<tr><td>14</td><td>交通费（元/年）</td><td></td></tr>
<tr><td>15</td><td>水电费（元/年）</td><td></td></tr>
<tr><td>16</td><td>保洁费（元/年）</td><td></td></tr>
<tr><td>17</td><td>网络服务（元/年）</td><td></td></tr>
<tr><td>18</td><td>广告费（元/年）</td><td></td></tr>
<tr><td>19</td><td>设计印刷（元/年）</td><td></td></tr>
<tr><td>20</td><td>培训费（元/年）</td><td></td></tr>
<tr><td>21</td><td>会议费（元/年）</td><td></td></tr>
<tr><td>22</td><td>招待费（元/年）</td><td></td></tr>
<tr><td>23</td><td>财务费用（元/年）</td><td></td></tr>
<tr><td>24</td><td>耗材及其他（元/年）</td><td></td></tr>
<tr><td>25</td><td>小计（元/年）</td><td>=sum（C8:C24）</td></tr>
<tr><td>26</td><td>模具摊销（元/个）</td><td>=开模费/总产量</td></tr>
<tr><td>27</td><td>总成本</td><td>合计（元/年）</td><td>=C7+C25</td><td>平均总成本（元/个）</td><td>=E2+E8</td></tr>
</table>

❖ 定价

如果不考虑市场同类产品价格、暂以自我为主进行定价，那么，当每年产、销 X 产品时，产品的平均总成本估算值，加上合理的利润率、税金等即为售价。该价格与市场同类产品相比，是否具有竞争力呢？

事实上，定价不得不考虑竞争对手同类产品的价格，即对常规进入者来说，产品定价难以完全自我为主。因此，如果产品投放市场，未必能够按照自己的意愿定价，很可能需要压缩利润空间甚至亏损。

理论上，产品售价低于平均总成本会造成亏损，低于平均生产成本则会亏本。短期促销、引流等营销事件的极限定价可以低于平均总成本、略高于平均生产成本，但长期来看都不可持续——由于销售收入无法覆盖总成本，持续运营会受到影响，如果不能及时补充资本或融资，资金链断裂是可以计算出来的必然结果。

❖ 用户效用

尽管统计样本有限时未必准确，但小规模的试用、调查毕竟可以统计出产品潜在的用户效用供参考。如果这一步也省略掉，那只能自己估算了。于是，用户效用 ÷ 定价就得到了自己产品的性价比。

同样的方法可以统计出市场上同类产品的性价比。于是，性价比是否领先一目了然。

（4）连续博弈

未必采用连续博弈战略，但要有连续博弈思维。新项目、新产品、新模式等进入市场，竞争对手非常有可能采取相应的扼制或复制跟随战略。因此，进入市场前，还应在对手可能反应的基础上做好预案。老一代互联网人在推出新应用、游戏或模式前常常假设，腾讯如果也推出类似的产品该怎么办？如何才能以迅雷不及掩耳之势做出影响力？

越是有影响力的新产品、新模式进入市场，越会引发竞争对手的疯狂复制或反扑。因此，不能静态地思考战略问题，而应以连续博弈思维动态地、连续地、系统地思考和分析。

综上所述，汇总自我分析的各项内容如表 2–5 所示：

表 2–5 自我分析汇总表

<table>
<tr><th colspan="4">输入分析项目</th><th>优势</th><th>风险 / 劣势</th></tr>
<tr><td rowspan="21">自我分析</td><td rowspan="10">资源领先</td><td rowspan="4">人才</td><td>智力水平</td><td></td><td></td></tr>
<tr><td>技术水平</td><td></td><td></td></tr>
<tr><td>价值观</td><td></td><td></td></tr>
<tr><td>领导力</td><td></td><td></td></tr>
<tr><td colspan="2">专利 / 技术</td><td></td><td></td></tr>
<tr><td colspan="2">品牌 / 授权 / 市场</td><td></td><td></td></tr>
<tr><td colspan="2">供应链</td><td></td><td></td></tr>
<tr><td colspan="2">资本</td><td></td><td></td></tr>
<tr><td colspan="2">关系</td><td></td><td></td></tr>
<tr><td colspan="2">土地矿产及设备等</td><td></td><td></td></tr>
<tr><td rowspan="7">模式领先</td><td rowspan="3">商业模式</td><td>产品 / 服务</td><td></td><td></td></tr>
<tr><td>市场拓展方式</td><td></td><td></td></tr>
<tr><td>盈利模式</td><td></td><td></td></tr>
<tr><td rowspan="4">进入方式</td><td>自主</td><td></td><td></td></tr>
<tr><td>合作</td><td></td><td></td></tr>
<tr><td>聚焦</td><td></td><td></td></tr>
<tr><td>并购</td><td></td><td></td></tr>
<tr><td rowspan="4">性价比
领先</td><td colspan="2">主流产品售价及性能表现</td><td></td><td></td></tr>
<tr><td colspan="2">产品设计的功能及性能</td><td></td><td></td></tr>
<tr><td colspan="2">成本核算</td><td></td><td></td></tr>
<tr><td colspan="2">定价及性价比分析</td><td></td><td></td></tr>
</table>

2.2.2 对手分析

对手分析包括三大方面，如图 2–4 所示：

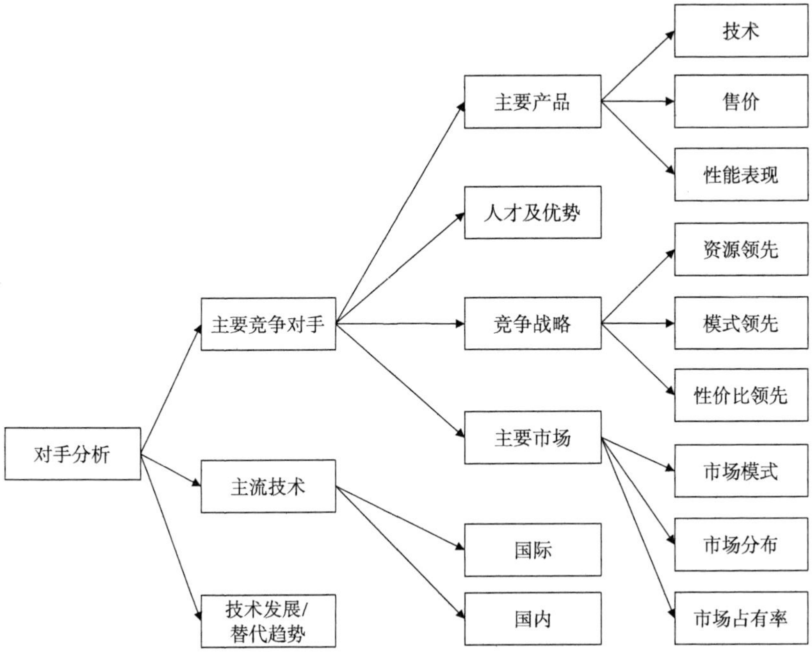

图 2-4　对手分析因素示意图

下面简要地逐一分析上述三个方面的因素。

（1）主要竞争对手

“知己知彼，百战不殆。”自我分析是知己，竞争对手分析则是知彼。

无论知己、知彼还是宏观环境和行业发展，“4+1”模型涵盖的信息和数据量远比此前所有的战略分析模型更丰富、细致和具体。

主要竞争对手的详细分析内容包括：各竞争对手的主要产品、竞争战略、人才及优势和主要市场四大部分。

❖ 主要产品

列出各个主要竞争（包括可能的）对手的每种产品的规格、型号、技术参数、价格、性能指标、市场销售数据、所处的细分市场、用户口碑、领先优势等，总结各个产品的技术特点及优劣势（见表 2-6）。

表 2-6　各主要竞争对手产品统计表

竞争对手	产品名称	规格参数	类型	售价	销售额	主要市场	供应链	备注

详细的数据有助于分析行业当前各主要竞争对手的产品、技术状况、产品类型和规模，产品类型根据技术和市场销售情况可划分为：新产品（代表最新的技术）、未来市场主流产品（即将创造现金流）、当前市场主流产品（销售主力）、半衰产品（技术成熟但销售开始走下坡）、衰退期产品（技术过时即将淘汰）等类型，如图 2-5 所示：

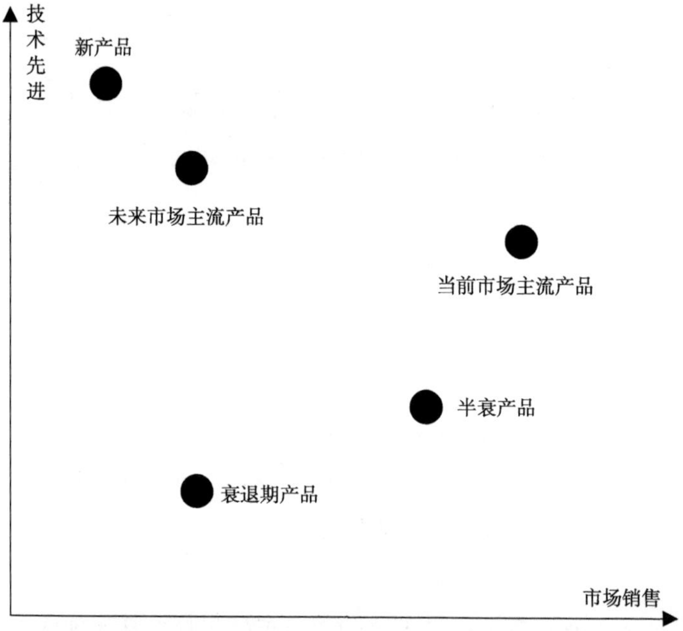

图 2-5　按技术、市场划分的产品类型示意图

对于非自主研发、主要 OEM 的产品，也应作为特别的类型进行标注。

准备新进入行业市场的企业，由于切入市场不可避免地涉及产品、技术等，这些数据无疑至关重要，是知彼的必修课。

如果竞争对手中包含巨无霸量级（市场份额高于20%）的企业，且其产品、技术仍在持续迭代中，那意味着行业竞争和洗牌告一段落，资源和市场向头部企业集中，使它们具备了强大的市场和品牌影响力，竞争难度可能较大。

如果竞争对手中没有明显的头部企业，排名靠前的几家企业营业收入、产品、技术水平相差不多，则可能存在两种情况：一是暗示新的机会，依靠领先的战略优势有可能革新市场；二是市场发展空间有限，（价格）竞争惨烈，难以脱颖而出。因而应进一步了解其具体成因。

更为重要的是，详细分析行业市场中的主要产品和技术，有助于弄清楚当前产品是否很好地满足了市场需求，是否存在实施性价比领先战略或替代的机会。回想中国手机行业的发展历程，最大的市场机会往往存在于这样的态势中：竞争对手们陷入忘我地搏杀，忽略了市场需求悄然酝酿升级。手机还没有完全普及时，寻呼行业（无论寻呼机还是寻呼台）一片红火。随着支持中文的手机推向市场，移动运营商取消了短信息服务包月收费，手机销量大涨，迅速而彻底地消灭了寻呼行业；诺基亚、摩托罗拉、索爱以及一众国产品牌手机厂商激烈搏杀之际，HTC基于Windows CE平台的智能手机悄然试水，而苹果手机横空出世之后，彻底颠覆了原有的手机市场格局，掀起了智能手机革命，苹果、安卓两大生态相映生辉，改变了世界人民的生活和工作方式。而今，鸿蒙系统不断壮大，万物互联的未来场景正在展开……

除了产品本身，还应顺藤摸瓜，掌握上游供应链的详细信息，了解产业生态，必要时应建立更紧密的合作关系。取得供应链的坚定支持有助于降低研发、设计和生产成本，也成为行业市场竞争的影响者和潜在进入者。

总之，充分了解市场中的主要产品，有助于我们更清晰地知道竞争对手，进而知道未来他们是不是竞争对手……

❖ 人才及团队

列出各个主要竞争对手核心的技术、市场和管理团队构成、优势，最好进一步拿到重要成员更详细的资料，为以后可能的交往甚至合作奠定基础（见表 2–7）。人才是重要的资源，建立竞争对手的人才资源档案，并与自己的人才数据库进行比较，发现差距和值得聘请的人才，时机成熟后可以为我所用。

表 2–7　各主要竞争对手人才及团队详情统计表

人才及团队详情		竞争对手 1 名称	竞争对手 2 名称	竞争对手 n 名称
领军人物				
核心高管团队				
核心技术人才				
核心市场团队				

❖ 主要市场

不同的竞争对手可能侧重不同的市场，这导致了他们的市场体系、人员构成、营销策略以及拓展市场的模式都会有所差异。

列出各个主要竞争对手的市场体系（包括重要市场人员）、主要销售模式、各市场销售状况、营销和品牌传播及促销力度等，分析其产品与市场定位的匹配度，并力求掌握其主要市场人员的具体信息（见表 2–8）。快速打开市场，没有比聘请那些已经积累了丰富资源和经验者更高效的了。

表 2–8　各主要竞争对手市场情况汇总统计表

<table>
<tr><th colspan="2">市场体系</th><th>竞争对手 1 名称</th><th>竞争对手 2 名称</th><th>竞争对手 n 名称</th></tr>
<tr><td rowspan="3">线上渠道</td><td>自营网站</td><td></td><td></td><td></td></tr>
<tr><td>电商 / 微商等</td><td></td><td></td><td></td></tr>
<tr><td>引流拓客方式</td><td></td><td></td><td></td></tr>
<tr><td rowspan="11">线下市场体系</td><td>市场拓展模式</td><td></td><td></td><td></td></tr>
<tr><td>大客户成交手段</td><td></td><td></td><td></td></tr>
<tr><td>利润分配制度</td><td></td><td></td><td></td></tr>
<tr><td>市场架构及团队</td><td></td><td></td><td></td></tr>
<tr><td rowspan="7">各区域销售额</td><td></td><td></td><td></td></tr>
<tr><td></td><td></td><td></td></tr>
<tr><td></td><td></td><td></td></tr>
<tr><td></td><td></td><td></td></tr>
<tr><td></td><td></td><td></td></tr>
<tr><td></td><td></td><td></td></tr>
<tr><td></td><td></td><td></td></tr>
<tr><td rowspan="3">营销和品牌传播</td><td>主要渠道</td><td></td><td></td><td></td></tr>
<tr><td>其他渠道</td><td></td><td></td><td></td></tr>
<tr><td>预算规模</td><td></td><td></td><td></td></tr>
<tr><td rowspan="3">促销</td><td>频率与持续时间</td><td></td><td></td><td></td></tr>
<tr><td>优惠力度</td><td></td><td></td><td></td></tr>
<tr><td>效果</td><td></td><td></td><td></td></tr>
</table>

如表 2–8 所示，线上渠道的引流拓客方式包括：短视频、视频广告、电商广告、推送广告、搜索引擎关键词、朋友圈广告、公众号广告等；线下市场体系的市场拓展模式包括：自营、加盟、代理或经销、直销等；大客户成交手段包括：资源（关系、技术、品牌等）优势、性价比优势、投标等；利润分配制度是指不同层次的市场分享利润的机制；市场架构及团队通常以架构图的方式直观呈现（见图 2–6）。

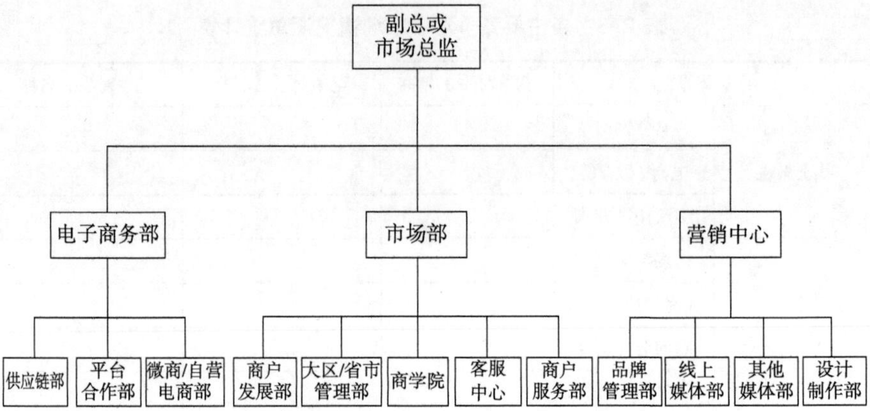

图 2–6 某公司市场架构示意图

❖ 资本

资本是公司赖以生存和发展的重要因素。公司最缺钱的时候不是初创阶段，而是高速发展阶段，此时的战略扩张会产生巨大的资金需求和缺口，融资能力在相当程度上决定了公司发展的速度。

股权融资将稀释原始股东的持股比例，志在获得资本市场认可、不断做大公司市值；债权融资将摊薄公司的利润，旨在加强周转、增强赢利水平，为股东创造更多分红收益。

上市公司本身就成为一个融资平台，具有发行债券、可转债、优先股、配股或定向增发股票等多种资本工具，在增加公司流动资金、股权并购等方面具有优势；非上市公司的融资渠道相对窄一些，需要通过金融机构和投资者解决。

竞争对手的资本数据有助于分析其战略动向，包括是否增加研发投入、扩大生产规模或并购等。

此外，竞争对手是否在使用金融工具对冲价格波动等风险？对冲业绩如何？是在主导操作？等等信息都应尽可能地搜集。

❖ 竞争战略

分析各个主要竞争（包括可能的）对手正在实施的竞争战略，按照前述战略类型进行细分，并汇总、列举出各个对手领先优势的具体内容（见表 2–9）。

表 2–9　各主要对手的竞争战略统计表

战略类型		竞争对手 1 名称	竞争对手 2 名称	竞争对手 n 名称
资源领先	土地矿产等			
	人才 / 技术 / 市场			
	品牌 / 专利			
	资本			
	关系			
模式领先	商业模式			
	自主发展			
	合作发展			
	聚焦			
	并购			
性价比领先	高价高效用			
	平价高效用			
	低价高效用			
	低价平效用			
连续博弈	/			

弄清楚每一个竞争对手的战略，了解其打法，有助于更清晰地认识整个行业，从而更准确地规划自己的战略。在后续的竞争中，我们（的战略）将不可避免地与他们硬碰硬，因而，充分对比、发现优劣势，有助于进入市场后有的放矢。

最后，将各个主要竞争对手的详细信息汇总到一张大表格中，如表 2–10 所示：

表 2-10 各主要竞争对手详情汇总统计表

项目	竞争对手 1 名称	竞争对手 2 名称	竞争对手 n 名称
主要产品 1			
主要产品 n			
主要市场			
竞争战略			
人才及团队			
供应链概述			
其他			

表格化的汇总信息更直观地显示出各个竞争对手的具体情况和信息对比，如果再把自我分析的数据汇总上去，将更直观地给出比较结果。

（2）主流技术

主流技术是指国际、国内市场中的主流产品所应用的技术或服务模式。

随着全球一体化的进行，国际、国内各行业的主流技术或服务模式越来越趋近，但具体可能仍存在差异。主流技术的差异导致产品和市场状况的区别，从而影响市场、产品等的发展趋势以及针对不同市场的技术、产品和销售布局。

【案例】大屏幕显示产品在全球不同市场的主流技术差异

显示面积以平方米计算的屏幕通常被称为大屏幕。历经数十年的发展，大屏幕显示的应用场景从火车站、球场、楼宇外立面广告等延伸到券商、机场、商场、博物馆、会议、培训、监控、指挥调度等室内；大屏幕显示的产品主要包括投影、液晶屏 /DLP 拼接、LED、OLED 等，各类产品形态的技术和优劣势以及全球各主要市场的产品偏好存在较大差异。

投影，因为低廉的成本在早先的室内商用大屏幕显示市场占据很大的市场份额，但因为其亮度较低、显示效果差强人意，市场逐渐被其他技术和产品蚕食；日本各大厂商和美国德州仪器掌握着投影产品的核心技术。日本企业不甘心投影技术被淘汰，开始转向开发家用投影和工程投影市场；此外，在20世纪七八十年代，美、日、欧厂商主导着全球的LED产业。这意味着其他国家的大屏幕显示产品不太容易挤进日本市场。

液晶屏/DLP拼接，因为高分辨率的显示效果、不断降低的成本等优点一度赢得室内大屏幕显示市场的不少份额，迄今仍在室内监控、信息显示等领域广泛应用。由于这种拼接大屏存在明显的接缝（尽管近几年的技术迭代使接缝日渐变窄），整体显示的效果差强人意，随着LED屏的出现，国内液晶拼接市场被LED大屏大幅挤占；北美是LED企业达科电子、液晶和DLP技术巨头德州仪器的势力范围，利亚德收购北美液晶拼接企业美国平达后将小间距LED屏导入北美市场，但由于小间距LED屏的成本和售价较高，北美室内显示设施更新的速度远低于国内市场，仍然没有大规模更换LED屏的趋势，原有的液晶屏/DLP拼接仍占据相当的市场份额；韩国三星、LG等凭借在液晶屏的技术积累和巨大产能，曾一直固守液晶拼接市场，近几年才发力LED产品。

在我国，LED显示行业的发展经历了全进口销售→进口芯片封装→完全自主制造芯片、封装、器件等阶段。LED大屏幕，尤其是小间距（点间距不超过2.5mm）LED技术的发展，其高亮度、高分辨率、无缝拼接等巨大优势成为其“大杀器”，是我国大屏幕显示行业的主流产品。近几年来，我国已成为全球重要的LED芯片生产和封装基地，构建了完整的LED全产业链，形成了以三安光电、木林森、利亚德、洲明科技、艾比森等龙头企业为核心的产业集团，长三角、珠三角、福建、江西等地成为LED光电产业聚集区域，国内LED厂商“霸屏”全球各大显示展。2019年，全球前八大LED显示屏厂商分别为利亚德、洲明科技、美国达科、强力巨彩、海康威视、韩国三星、艾比森和山西高科①，榜单中除了达科和三星，其他

① https://www.ledinside.cn/research/20200512-47526.html.

全部为中国企业。产品技术方面，中国市场自利亚德2012年开始推出小间距LED屏以来，各大厂商纷纷跟进，推动小间距LED屏在中国室内大屏幕市场的份额不断提升，产品、技术已迭代至0.6–1.0mm的超小间距。中国LED大屏幕产品、技术与应用的深度、广度在全球可谓独领风骚，现已开始发展75–200微米间距的MiniLED技术和大屏幕产品。

日本索尼等公司凭借雄厚的技术积累，数年前就推出了微米级的MicroLED大屏幕，分辨率与液晶屏无异，而亮度更高，呈现更为震撼的视觉效果。但由于其成本高昂，商用之路漫漫，或许是MiniLED技术、产品成熟之后的技术进化路径。

OLED是目前唯一可制作大尺寸、高亮度、高分辨率曲面屏的显示技术，韩国LG数年前已推出面积以10平方米计的OLED曲面大屏幕，在显示展上圈粉无数。由于成本高昂，OLED与MicroLED一样，目前尚未在大屏幕商用市场上广泛应用。

从上述案例可以看出，就大屏幕显示市场而言，中国市场上，小间距LED屏将继续蚕食室内投影、拼接和常规LED屏的市场份额，同时在高端市场探索MiniLED技术、大屏幕产品的应用；北美市场在未来几年内，可能是小间距LED渐进式替代液晶和DLP拼接的格局；日本则固守工程投影和MicroLED技术阵地；韩国市场应用开始转向小间距LED，但OLED技术成熟、着重需解决量产成本问题……各大市场的主流技术和产品存在显著差异，因此，对于行业中的企业而言，市场定位在相当程度上决定了将采用的主流技术以及未来的技术研发方向。

服务模式涉及用户体验、成本和便利性等因素，关乎市场体系的结构和拓展方式。甚至服务模式本身也面临战略选择：自建服务体系还是将服务外包？人工服务还是AI客服？

（3）技术发展/替代趋势

每一个行业的技术发展趋势都可以从其长期的技术迭代过程中看出端

倪。由于大部分时间里技术是渐进式发展的，积累到一定程度才会出现质变，因此，从渐进式迭代的过程可以看出一定时期内技术的发展甚至替代趋势。

【案例】我国 LED 大屏幕行业技术发展趋势

在我国完成从 LED 芯片到封装及组件自主生产、形成完整产业链生态的近 20 年中，从封装工艺上划分，LED 显示屏主要经历了三个技术发展阶段：

第一个阶段是 DIP 封装方式，即 Dualin Line-Pinpackage，俗称“直插”，将封装好的 LED 灯珠直接插入 PCB 板孔槽中进行焊接。其特点是亮度高、散热和密封（防水）性能好、寿命长，但是受结构限制，灯珠间距大（最小间距可做到 6mm），适用于户外显示屏。

第二个阶段是 SMD 封装方式，即 Surface Mounted Devices，俗称“表贴”，将 LED 芯片封装在支架内，然后贴焊到 PCB 板上。其特点是屏幕表面更平整、显示效果更好，且因金属支架调节灵活，灯珠间距可大可小，目前量产 SMD 屏的间距已低于 1mm，最小达到 0.6mm，SMD 逐渐取代 DIP 成为目前主流的 LED 大屏技术。

第三个阶段是 COB 封装方式，即 Chip On Board，俗称“集成封装”，是近 4-5 年才出现的技术，将 LED 芯片直接贴焊到 PCB 板上，牢固性和密封性比 SMD 方式大大提高；且不需要支架，因而可以实现更小的间距，目前量产倒装 COB 大屏芯片的最小间距为 0.1mm，分辨率可媲美液晶屏但亮度更高。因此，倒装 COB 屏在同等面积条件下能够提供更惊艳的显示效果和耐用性；但因芯片数量大、成本高，目前除极少数高端应用外，超小间距的 COB 大屏尚未大规模商用。

MiniLED、MicroLED 都采用倒装 COB 技术，只不过芯片尺寸更小，意味着在同样面积的 PCB 上需要巨量的 LED 芯片。虽然倒装 COB 技术目前已趋于成熟，但是 MiniLED、MicroLED 芯片巨量转移技术的成品率、成本仍存在巨大挑战，还不具备大规模商用的条件。

不管怎样，向更小间距、更好显示效果持续迭代是 LED 大屏幕的技术趋势。就此技术趋势而言，尽管 COB、MiniLED、MicroLED 屏在显示分辨率上媲美液晶屏，但大尺寸液晶屏的成品率也在持续提高、成本持续降低，在 85 英寸及以下级别的屏幕尺寸上，液晶屏仍然拥有无与伦比的价格和性价比优势。因此，DIP、SMD、COB、MiniLED、MicroLED 屏数十年的技术进化路线，其市场定位迄今依然只是大屏幕。这也意味着，这一行业暂时难以切入市场规模巨大的中小屏市场。

将行业技术发展及主要产品等信息汇总，填入表 2-11。

表 2-11　行业技术发展分析表

市场（细分）	主要竞争对手	主流产品	主流技术	发展趋势	备注

至此，外部微观条件的相关信息基本收集完成。

汇总各个主要竞争对手的详细信息以及各个市场的主流技术和产品信息等如表 2-12 所示，从而更清晰、具体地了解行业的竞争现状和变化趋势，而不仅仅停留在感性认识阶段。

表 2-12　主要竞争对手及行业技术发展分析表

<table>
<tr><th colspan="4">输入分析项目</th><th>优势</th><th>风险 / 劣势</th></tr>
<tr><td rowspan="6">对手分析</td><td rowspan="6">主要竞争对手</td><td rowspan="3">主要产品</td><td>技术</td><td></td><td></td></tr>
<tr><td>售价</td><td></td><td></td></tr>
<tr><td>性能表现</td><td></td><td></td></tr>
<tr><td rowspan="3">竞争战略</td><td>资源领先</td><td></td><td></td></tr>
<tr><td>模式领先</td><td></td><td></td></tr>
<tr><td>性价比领先</td><td></td><td></td></tr>
</table>

续表

输入分析项目				优势	风险 / 劣势
		人才及优势			
		主要市场	市场模式		
			市场分布		
			市场占有率		
	主流技术	国际			
		国内			
	技术发展 / 替代趋势				

2.2.3 行业发展分析

每个行业有其规则甚至潜规则，从外面看到的行业概况未必完全反映业内企业的盈利能力等真实状态，有时只有深入行业才能充分了解、熟悉这些规则，进而洞悉行业运行的奥秘。因此，新进入某个行业之前，有必要进行深入分析。

行业发展分析包括六个方面，如图 2–7 所示：

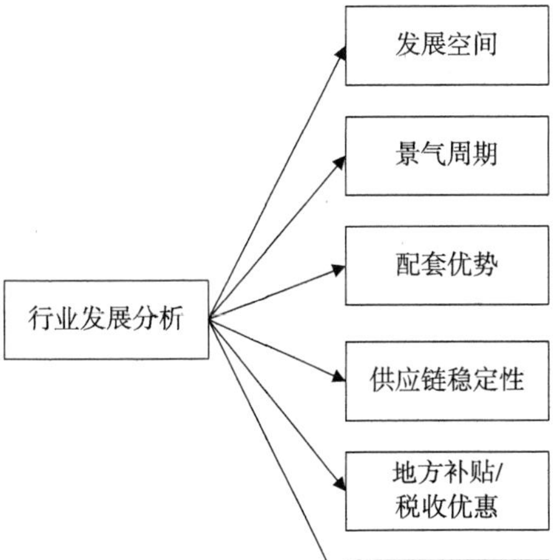

图 2–7　行业发展分析因素示意图

下面简要地逐一分析上述六个方面的因素。

（1）发展空间

市场的规模和发展空间是进入一个行业市场前应重点考虑的因素，投资机构称之为“赛道”。市场规模和发展空间与组织未来的发展息息相关：在非垄断市场中，竞争的结果理论上趋于充分竞争，那么在同等市场份额条件下，较大规模的市场将使企业更容易生存。企业实施资源领先战略进入细分市场、为细分用户提供产品或服务，如果市场过于细分或小众，开始时固然能够避开激烈的竞争，但由于细分市场总体空间有限，这意味着赛道过小，很难吸引投资机构，即使没有竞争，企业的规模也将遭遇天花板。当高利润率驱使其他竞争对手进入时，原本空间有限的市场将迎来竞争、开打价格战，从而降低企业的利润率和赢利能力——在这种残酷局面下生存和发展甚至比通用市场更为艰难。

因此，如果是短期战略，选择极细分的市场进入无可厚非；如果怀有做大的梦想，未来更应该选择规模和发展空间大的行业市场——绝大多数大企业，产品线都覆盖了更广阔的市场范围甚至实现跨多个行业市场的多元化。

【案例】美团的市场空间拓展历程

2010 年 3 月 4 日，美团成立，进入以餐饮行业为主的团购市场，当年交易额 2.3 亿元。2011 年，美团交易额 14.5 亿元，团购市场进入“千团大战”模式。

受制于餐饮团购市场有限的规模和发展空间，2012 年，美团新增团购电影票业务，助力当年实现交易额 55.5 亿元。

2013 年，美团加推酒店预订和餐饮外卖业务，年交易额飙升至 160 亿元。

2014 年，美团加推旅游门票业务，年交易额飙升至 460 亿元。

此后，美团陆续进入生鲜、打车、共享单车、同城快送等市场，业务品类达200多个……

2020年，美团年交易笔数101亿、交易金额4889亿元，实现营业收入1148亿元，平台活跃用户数5.11亿。

美团从一个餐饮团购平台发展成为生活服务类平台，市场规模和发展空间从数十亿拓展到数千亿甚至万亿级别。

战略、目标或企业家的理想都是动态变化的，会随着环境和自身条件的变化而变化。一开始就选择大市场，或者开始时选择细分市场进入、发展中逐渐扩展市场甚至实现多元化，可以说殊途同归。

（2）景气周期

经济有周期，行业也有周期。对国家来说，政府更替的周期（5年、10年；美国则是4年、8年）可能涉及经济政策等的变化，因而会影响不同行业的景气周期。

新兴行业，景气的周期可能拉得更长一些，但经历充分的发展后，新兴行业终究也会变成传统行业。20世纪90年代，中国的互联网应用开始出现，成为新兴行业；房地产开发行业也是在这一时期开始兴起的——之前的福利分房年代，只有建筑公司、少有房地产开发企业；手机从“大哥大”到人手一台功能手机，再到智能手机替代功能手机，带动移动互联网成为新兴行业……20多年过去，房地产彻底沦为传统行业，互联网、手机和移动互联网趋于饱和，新能源、人工智能等接力成为新兴行业。

我们亲历的房地产、互联网等行业的长景气周期，同步推动了国民财富、富豪数量的大幅增长，成为难得的造富时代。从行业扩展到国家、缩微到企业甚至个人，周期对发展效率的影响一直存在，智者充分借助周期的力量高效发展。

那么，没有处于景气周期，没有列入国家鼓励的行业或项目，难道就不做或不具备做的价值吗？那倒不一定。高景气行业机会更多、效率更高、更容易成功，但归根结底每个行业都不乏优秀和成功的企业。从这一角度说，没有不成功的行业，只有不成功的企业。

【历史】中国古代牛人的创业选择

在古代，由于帝王在位时间等的不确定性，这种周期的长度、景气度更加难测。而且，由于世袭制度盛行，如果不是本国王公大臣的嫡系，只是普通人，想有所作为非常难。在人才流动最为自由的春秋战国时期，很多在历史上产生重大影响的人物，“创业”时无一例外地首选进入高景气周期的诸侯国。

孙武本是齐国人，但因齐国历经庄公、景公等的穷奢极欲，民众苦不堪言，田氏代齐逐渐成为公开的秘密；而南部的吴国，阖闾杀掉吴王僚后励精图治，有西图强楚之势。在这种背景下，怀揣《孙子兵法》的孙武没有选择齐国而选择去吴国建功立业，最终助力吴国成为春秋末期一代霸主。

卫鞅本是卫国贵族后裔，但卫国国君昏庸，所以卫鞅来到当时最强大的魏国，做了魏相国公叔痤的门客，帮他处理政务，得到公叔痤的赏识。但公叔痤担心他威胁自己的相国位置，因此一直没有推荐他为官。公叔痤在临死前才向魏惠王推荐卫鞅接任魏相国之位，魏惠王怎可能让一个门客任相国？后来，秦孝公招贤，大秦要励精图治，卫鞅这才去了秦国，辅佐秦孝公变法，为秦国崛起、后来统一中国奠定了基础。

苏秦本是东周洛阳人，师从鬼谷子学习纵横之术后，首先来到变法后强大的秦国，并以连横、统一策略游说秦惠王。秦惠王当时刚刚即位、杀死商鞅，尚未稳定国内局面，无心考虑苏秦的蓝图。苏秦后来不得已转而游说六国合纵抗秦，于是，在相当长的时期内，多国合纵、伐交成为主旋律，客观上延长了秦国统一六国的时间。

市场空间和景气周期是决定战略前瞻性、发展效率的重要因素，决策中应作为权重较高的因素考虑。

（3）配套优势

配套优势是指：在区域经济发展的背景下，产业分工逐渐细化、深入发展，形成供应链、生产加工与制造及人才等资源的集聚，从而产生资源领先优势（包括绝对优势与相对优势）。

在经济发展的过程中，深圳、东莞形成了IT、电子产品的生产、加工配套优势（除了产成品企业外，还集中了数以万计的电脑、电子产品配件生产企业），顺德则具有家电生产、制造的配套优势，它们分别成为全国电子、家电行业配件企业数量最多、配套最完善的地区。

此外，其他不少地区也因地制宜地形成了本地产业配套优势。以浙江省为例，各地区形成了100余个细分产业集群（见表2-13）。

表2-13　浙江省各地区细分产业集群

地区	产业集群名称	地区	产业集群名称
杭州市	杭州装备制造产业集群	绍兴市	夏履非织造布产业集群
	萧山纺织产业集群		漓诸针织产业集群
	横村针织产业集群		马鞍化纤产业集群
	新塘羽绒家纺产业集群		杨汛桥经编家纺产业集群
	党山化纤织造产业集群		绍兴纺织产业集群
	富阳造纸产业集群		上虞伞业产业群
	富阳球拍产业群		诸暨山下湖珍珠产业群
	临安电缆产业群		诸暨袜业产业群
	萧山羽绒产业群		诸暨五金产业群
	萧山化纤产业群		大唐袜业产业群
	萧山花边产业群		绍兴轻纺产业群
	分水制笔产业群		嵊州领带产业群
	余杭家纺产业群		上虞伞产业群
	衙前化纤产业集群		嵊州领带产业群
	乾潭家纺寝具产业集群		柯桥轻纺产业群
	余杭布艺产业集群		枫桥衬衫产业集群

续表

地区	产业集群名称	地区	产业集群名称
金华市	横店影视产业集群	宁波市	宁波服装产业集群
	义乌无缝针织服装产业集群		宁波塑机产业集群
	义乌小商品产业群		象山针织产业集群
	义乌线带产业集群		鄞州草编产业集群
	义乌袜业产业集群		宁波汽车及零部件产业集群
	浦江绗缝家纺产业集群		余姚塑料产业群
	金华汽车及零部件产业集群		宁海模具产业群
	兰溪市纺织产业联盟		余姚灯具产业群
	东阳建筑产业群		宁海文具产业群
	永康五金产业群		余姚塑料产业群
	浦江水晶产业群		宁海模具产业群
丽水市	丽水缙云带锯床产业集群	衢州市	衢州氟硅产业集群
	庆元香菇产业集群		江山羽毛球产业集群
	龙泉木制太阳伞产业群		江山机电产业集群
	龙泉剑瓷产业集群		龙游特种纸产业集群
	云和木制玩具产业集群		江山蜜蜂产业集群
	遂昌竹炭产业集群		龙游竹笋产业群
温州市	瑞安太阳能光伏产业集群	嘉兴市	王江泾织造产业集群
	乐清休闲服装产业集群		洪合毛衫产业集群
	瑞安男装产业集群		濮院羊毛衫产业集群
	乐清工业电气产业集群		大麻家纺布艺产业集群
	龙湾五金洁具产业群		洲泉化纤产业集群
	永嘉拉链产业群		兰溪织造产业集群
	永嘉纽扣产业群		江泾织造产业集群
	温州灯具产业群		马桥经编产业集群
	鹿城打火机产业群		油车港静电植绒产业集群
	瓯海锁都产业群		海宁纺织产业集群
	瑞安汽配产业群		桐乡纺织产业集群
	永嘉泵阀产业群		许村布艺产业集群
	温州拉链产业群		平湖出口服装制造产业集群

续表

地区	产业集群名称	地区	产业集群名称
	温州鞋业产业群		桐乡化纤产业群
	温州打火机产业群		嘉善木业产业群
	温州印刷产业群		桐乡羊毛衫产业群
	瑞安汽配产业群		桐乡市屠甸植绒纺织产业集群
湖州市	长兴蓄电池产业群		海宁皮革产业群
	织里童装产业群	台州市	黄岩塑料模具集群
	南浔地板产业群		黄岩模具产业群
	湖州丝绸产业群		天台过滤布产业集群
	安吉竹地板产业群		玉环阀门产业群
	长兴纺织产业集群		杜桥眼镜产业群
舟山市	金塘塑机螺杆产业集群		仙居工艺品产业群
	舟山水产产业集群		玉环汽车零部件产业群
	舟山船舶修造产业集群		台州民营造船产业群

从表 2–13 可以看出，浙江省各地区的细分产业集群在不同城市甚至同一城市的不同区域内有重叠，纺织、化纤、服装、鞋袜和织造等相关产业高度重叠，突显了相关产业配套在浙江的发达程度以及全国、全球巨大的市场容量。

产业集群形成的配套优势将大幅降低相关行业企业的投资和运营成本。以影视剧拍摄为例，横店具有显著配套优势：影视拍摄基地设施相对完善，群众演员数量巨大，租用基地和群众演员的费用均比较低廉等。如果自建拍摄基地、组织群众演员，投资周期将延长，一次性投入成本巨大，项目的可行性大幅度降低。

（4）供应链稳定性

严格来说，供应链属于配套资源的一部分，为什么要单独把它列出来呢？因为当今的商业生态中，供应链稳定性是相当关键的因素，关系到公司能否正常运营。国内电商巨头先后“造”了“双 11”“618”等电商购物节，加上薇娅、李佳琦等头部直播电商的巨大影响力，使得参与的企业在短期内销售量极为集中，对供应链（原材料供应、生产加工、仓储、物流等）造成了极大的压力。有企业抱怨一个“双 11”的销量、销售额能占全年一半，可以想象企业短期的压力有多大；这也意味着全年的其他时间，物流、仓储、生产以及供应链过于宽松，这种大规模的集中销售考验企业的极限组织能力，某种意义上造成了供应链、资源的浪费，其实未必有利于健康、稳定的发展。

电商的集中促销考验企业供应链的稳定性，但毕竟属于市场行为；有时，合作关系、地方政策或政府（环保）执法力度等非市场因素的变化也会影响供应链的稳定性。因此，对于高度依赖供应链稳定的项目或产品，需要提前评估、分析供应链可能的问题或影响，并提前采取有效的应对措施，减少、消除不稳定因素的影响。规模小时，单一供应链或大客户或能因为紧密、可靠的合作关系、有竞争力的价格等形成资源优势；规模大了以后，对单一供应链或大客户的过度依赖存在被裹挟的风险，有必要建立多个供应渠道、客户，巩固供应链和市场体系的稳定性。

因此，对于生产制造、加工、销售相关的企业，需要重点考虑供应链的稳定性，甚至应该把供应链的稳定性提高到前所未有的重视程度。

（5）地方补贴 / 税收优惠

随着税务“营改增”的实施，在国家加强统一税收监管的大背景下，地方政府税收优惠政策的空间相对有限，但偶尔也会出现个例：地方为了引资或贯彻国家特批的鼓励政策，短期内推出较大幅度的税收和政策优惠。例如，新疆曾推出大幅的所得税优惠政策，吸引影视、传媒和有限合伙企业入驻；海南省为了贯彻国家建设海南国际岛相关政策的精神，在商品流通、金融服务等行业推出了鼓励和补贴政策。除此之外，国家各部门、各级各地政府一直有各种类型的扶持或奖励资金、招商政策等，能够给予创业者切实的支持。

（6）行业壁垒

行业壁垒是阻止、限制企业进入行业的障碍，有利于保护市场、减少竞争。壁垒的高低由行业竞争和法律法规体系的完善程度等状况决定。因此，行业壁垒越高，则市场进入难度越大，行业竞争就不会充分、垄断程度越高。行业壁垒分为三大类：

一是资本壁垒，例如要求进入的企业需要实缴一定数量的注册资本；或者行业本身就是资本密集型，小规模资本金进入不具备优势；

二是人才、技术壁垒，例如要求从业人员通过国家统一考试并注册成功、获得从业资格许可证，或者行业本身就是技术密集型，需要拥有高精尖技术或产品研发、生产的从业人才；

三是政策壁垒，如法律、法规等规定的行业准入行政许可管理等。

我国的行政许可分为特殊行政许可、前置审批许可和后置审批许可等类型，涉及行业众多（见表 2-14）：

表 2-14　我国涉及行政许可的主要行业①

行政许可类型	涉及的主要行业
特殊行政许可	军工、电信业务、互联网、资源等
前置审批许可	金融保险、烟草、枪支弹药和爆炸物、弩、危险化学品、烟花爆竹、快递、保安、营利性民办学校、出版广播、征信机构等
后置审批许可	涉及农林牧渔、矿产资源、市政及建设、卫生、劳动、金融保险、邮政电信、环保、广播影视、文化文物、贸易、运输、旅游、新闻出版等

综上所述，将行业发展分析各因素的相关内容汇总入表 2-15。

表 2-15　行业发展分析汇总表

输入分析项目		优势	风险 / 劣势
行业发展分析	发展空间		
	景气周期		

① 于胜著：《SPAC 特快上市指南》，中华文化出版社 2021 年 4 月第 1 版，第 87 页。

续表

输入分析项目			优势	风险 / 劣势
	配套优势			
	供应链稳定性			
	地方补贴 / 税收优惠			
	行业壁垒	资本		
		人才、技术		
		政策		

2.2.4 宏观环境分析

宏观环境分析包括八个方面，如图 2–8 所示：

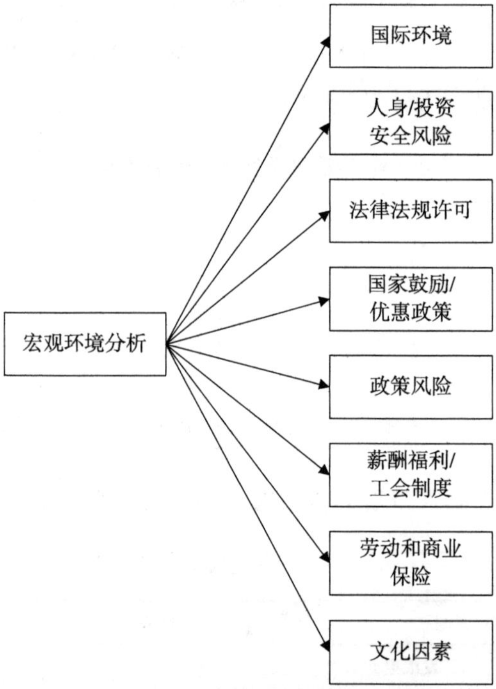

图 2–8　宏观环境分析因素示意图

下面简要地逐一分析上述八个方面的因素：

（1）国际环境

经济全球化的影响力越来越大，身处其中的每一个组织，都不可避免地受到全球化的影响。而经济，素来与政治密不可分。因此，国际环境，尤其国际政策、外交政策等的变化，有可能导致国家之间的政治、经济关系出现变化，从而严重影响相关组织的正常运营。

【案例】中美关系影响中国企业赴美国上市

美国纽约和纳斯达克交易所是全球金融市场最有影响力的两大证券交易所，也是众多中概股的上市目的地——包括新浪、搜狐、百度、阿里巴巴、京东等新老互联网霸主以及蔚来、小鹏等造车新势力。

特朗普担任美国总统期间，开打中美贸易战，双边关系一度跌至中国改革开放以来的冰点，中国企业赴美上市数量骤减。

拜登就任美国总统后，中国政府、民间都抱有中美关系趋向缓和的良好愿望。2021年上半年，中国共有37家企业在美国成功IPO上市，超过2020年全年（34家），创下美股上市数量的新纪录。2021年7月10日（滴滴出行在美国上市后），国家互联网信息办公室发布《网络安全审查办法（修订草案征求意见稿）》，提出掌握超过100万用户个人信息的运营者赴国外上市，必须向网络安全审查办公室申报网络安全审查。

美国证监会（SEC）官员于7月30日发表了重要讲话，要求拟赴美上市的中国企业充分披露更详细的信息并接受必要的审查：

❖ 披露VIE（协议控制）架构[①]的风险

鉴于国内企业赴美上市多采取VIE架构绕过中国政府对企业海外上市或外资并购的审批，以加快上市周期。这样一来，投资者持有的确实是一家空壳公司，而不是中国运营实体公司的股票。客观地讲，SEC的要求合理而正常，对国内企业赴美上市进度的影响有限，但的确会影响一些投资

① 指境外公司不控股国内公司，而通过协议来实际控制国内公司的运营和资金。于胜著：《SPAC特快上市指南》，中华文化出版社2021年4月1版，第197页。

者，甚至多少会影响IPO的顺利进行。

❖ 接受PCAOB（公众公司会计监督委员会）检查

美国2020年通过《外国公司问责法案》，要求在美上市的国内企业，聘请PCAOB注册的、能够接受其审查的会计师事务所审计。SEC针对PCAOB有权在检查赴美上市公司的财务报表问题进行了强调。这一要求对上市进程并无实质性影响（只是将增加审计费用）。

❖ 要求披露赴美国上市的合规性

即公司赴美上市是否获得中国相关部门批准。

赴美上市之所以快捷，主因是企业借助VIE架构绕过了中国政府针对企业海外上市的审批。如果国内企业赴美国上市需要拿到证监会、商务部、财政部甚至外管局等诸多部门的批文，也就没有快的优势了，流程和难度上与在国内上市区别不大了。如果企业不拿批文、直接赴美申请上市，那就需要明确地披露："没有获得中国相关部门批准赴美上市"。SEC会通过其上市备案吗？因此，这一条披露要求对拟赴美上市的中国企业来说，可谓一剑封喉。

❖ 其他审查要求

此外，SEC要求对拟上市的中国企业进行有针对性的额外审查。这相当于中国画或书法的留白，为应对后续中国政府可能的政策风险预留了空间，同时显然意味着加大对中国企业的上市审查力度。

2021年7月31日，新华社发表名为《完善境外上市监管制度，继续用好两种资源》的文章，指出境外上市是国内企业根据自身发展需要作出的自主选择，无论在哪里上市，公司都必须符合上市地和经营地相关法律法规和监管要求。在这一前提下，中国支持企业依法合规利用两个市场、两种资源融资发展，这种开放态度不会改变，中国政府无意禁止国内企业赴美上市。

尽管中国政府的表态明显示好，但两地合规以及SEC新增的信息披露要求无疑加大了国内企业赴美上市的难度——自2021年7月开始，赴美上市的中国企业数量锐减。上半年如火，下半年似冰！国际环境成为企业实施海外上市战略的重要影响因素，尤其那些面向个人用户的互联网应用类企业，受安全审查政策的影响，海外上市成为难解之题。

稳定的国际关系对于投资的稳定回报至关重要，否则有可能面临大幅波动甚至血本无归的风险。在一些欠发达的国家，只看投资收益分析，充满不错的市场机会。但有些国家处于政治不稳定的状态，长期投资存在风险：一旦发生政权更迭或暴乱，国家可能发生动荡，原有的项目合作是否被认可、投资或生产活动能否正常开展、员工安全能否得到保障、投资收益能否全身而退等都存在变数。因此，有的国家可以在当地开设子公司独立运营，有的国家则适合在当地寻找强大的合作伙伴，以合作方式、依靠合作伙伴的力量拓展当地市场。

（2）人身/投资安全风险

在国内，安全风险更多地发生在交通、生产过程中，尤其生产中的安全风险会给企业运营及其管理者带来很大的不测。近几年来，国内生产安全监管以及对重大安全事故的处罚趋严，对生产企业管理提出了更规范的要求。行业不同，安全规程或许有所差异，但是其共同点是：安全规程都是理论、经验、教训甚至生命凝聚而成，是防患于未然的宝典。或许有人会认为安全规程过于教条，偶尔违反不会导致事故，但久之却会使事故成为必然。事故的酿成，意外因素的概率往往不高，绝大多数是违反安全规程、违规操作导致的。因此，生产企业必须给予高度重视，任命有丰富安全管理经验的高管加强生产安全管理，避免悲剧发生。否则，事故很可能成为不可承受之重，轻则血本无归，重则锒铛入狱。

走出国门会发现，中国是一个人身安全相当有保障的国家，在中国投资几乎不需要重点考虑社会治安因素的影响。然而很多国家并不能提供如此安全的环境，枪支和危险品的管制不严，社会治安状况不理想，甚至产品、人员动辄被查扣，安全风险是必须重点考虑的——赚的是钱，玩的是命！丰厚的利润中要计提多少准备金以备意外之需？

【案例】国外投资安全风险[①]

10多年前，在俄罗斯，警察查抄、没收华商的货物不是新闻。

2005年3月12日晚，俄警方以打击走私为名突击检查莫斯科环城公路的花鸟市场，将10余名温州鞋商存放在仓库内、价值1亿多美元的114个集装箱的温州鞋查封没收，并于次日将货主拘押。

2008年开始，俄罗斯以打击“灰色清关”为名，发动多次大规模货品查扣事件。9月11日晚，俄罗斯官方对莫斯科的阿斯泰市场进行突击检查，查封了华商在仓库里的鞋、服装、袜子等日用品，货物价值约21亿美元。

2009年6月18日，俄政府要求莫斯科市关闭莫斯科切尔基佐沃（因为发音被昵称为“一只蚂蚁”）市场，军警以迅雷不及掩耳之势突袭市场，价值20亿美元、600多个集装箱的货物被查扣没收……

多少华商在俄罗斯辛苦经营数年积累了不菲的财富，却在一夜之间倾家荡产，甚至被冠以涉嫌走私罪名拘押、判刑。

综上所述，安全风险发生的概率不高，容易被忽视；然而一旦发生，却有归零甚至致命的风险。

如果定性分析的结果难以决断，应该确定风险发生的（年化）概率R（%）和风险发生时可能造成的平均损失V（万元），那么：

V×R就是人身或投资安全风险带来的潜在年化减值损失。

（3）法律/法规/许可

合法、合规经营是企业保持健康、稳定发展的前提。

无论哪个国家，都有一些行业存在法律或法规禁止、限制或许可经营的情况，违法、违规经营或许可不全的企业要想进入资本市场（包括规范

---

① https://baike.baidu.com/item/切尔基佐沃市场/7931302.

的融资、上市等）越来越难。国内《首次公开发行股票并上市管理办法》第十一条、《首次公开发行股票并在创业板上市管理办法》第十三条都明确规定：“发行人的生产经营符合法律、行政法规和公司章程的规定，符合国家产业政策。”

因此，企业要想做大，就有义务遵守经营所在地的法律、法规和许可制度。如果缺乏法律意识、利欲熏心，很可能付出较大的代价。

【案例】北京掌中时尚、乐特瑞公司的黄、赌冒险

WAP 增值业务是指通过手机 WAP 网站向用户提供增值内容的服务。

2004 年开始，国内 WAP 增值业务进入高速发展期，2006–2008 年达到行业发展的顶点。最受人欢迎的 WAP 业务是铃声，其次大概要算 WAP 图片了。2006 年底的数据显示，北京掌中时尚科技有限公司（以下简称“掌中时尚”）从中国移动结算的 WAP 增值业务收入 100 万 –400 万元 / 月，结算金额排名靠前，是当时国内较大的 WAP 业务提供商。后来，一些小规模的 WAP 公司为了赚取短期利益，开始从网络上搜集黄色图片，上传到 WAP 网站，吸引用户交纳包月服务费浏览定制。看到同行的黄色图片业务发展速度较快，掌中时尚公司迅速做出了决策：由产品经理尽快设计产品并组织收集黄色图片上传到 WAP 网站，供包月手机用户浏览定制。

2007 年 5 月初，接到市民举报后，北京警方开展了一次专项扫黄行动，该公司总经理和产品经理被逮捕，最终因传播淫秽物品罪（认定向用户传播黄色图片 103 张）分别被判处有期徒刑 5 年和 4 年；公司也因触犯同样罪名，被判处 50 万元罚金，并追缴违法所得 13 万余元。

英国 B 集团致力于欧洲、亚洲的体育产业投资，2006 年，B 集团成功在伦敦交易所上市，并成立中国公司、进入中国体育彩票行业。2007 年，公司收购了北京乐特瑞科技有限公司（以下简称“乐特瑞”），该公司主要销售彩票缩水软件，在全国有多家经销商。公司不满足乐特瑞的软件销售业绩，计划借助其经销网络开展彩票缩水业务。缩水业务开展不久，乐特

瑞的经销商网络迅速扩张到天津、湖北、吉林、山西等9个省市，日交易金额几天后就突破百万元，最终参与用户规模达数十万、总交易额达1.7亿元。接到群众举报后，吉林省长春警方迅速组织力量打掉了乐特瑞在当地的网点，并顺藤摸瓜、连夜入京将乐特瑞的董事长孟某（B公司董事、中国公司董事长）、总经理拘捕（因组织赌博罪，二人后来均被判处有期徒刑一年），并查扣了服务器、电脑等物证。

乐特瑞出事后，伦敦交易所要求B集团说明乐特瑞事件的详细情况以及对上市公司业务的可能影响。由于提交的材料没有满足交易所的信息披露要求，B集团后来被强制摘牌退市。

掌中时尚传播淫秽物品违法经营所得13万余元、乐特瑞组织赌博非法获利300余万元全被查处，非法获利之小、付出代价之大，形成了鲜明的反差。对于违规、违法经营者来说，法律是悬在头顶的达摩克利斯之剑，剑没落下时，侥幸和贪婪心理推动着违规甚至违法经营活动，短期内或许能够赢得暴利；剑一旦落下，结果不堪设想、代价巨大。

因此，应该对法律、法规保持敬畏之心，尊重并遵守所在地的法律、法规，合法、合规经营。

在美国等发达国家，除了联邦法律，地方也有立法和执法权，一旦出现意想不到的违规或产品质量等问题，企业会被开列巨额罚单，有可能一笔罚单就让企业数年甚至十几年的市场利润化为乌有。丰田、大众、中兴、北新建材、格力等中外企业都曾在美国遭遇巨额罚单——如果不分析清楚相关法律可能引发的潜在风险，盲目进入市场，可能付出极大的代价。

（4）国家鼓励 / 优惠政策

国家对软件、集成电路等高新技术行业的鼓励和税收优惠政策持续了20余年。2000年6月24日，《国务院关于印发鼓励软件产业和集成电路产业发展若干政策的通知》（国发〔2000〕18号）正式下发并实施，对相关产业企业实施“三免两减半”的所得税优惠及增值税负不超过3%的优惠政策；2011年2月9日，《国务院关于印发进一步鼓励软件产业和集成电路产业发展若干政策的通知》（国发〔2011〕4号），在贯彻原有相关企业“三免两减半”等所得税、增值税优惠政策基础上，对集成电路宽度小于0.8微米和0.25微米的企业自获利年度起，分别减按“两免三减半”“五免五减半”征收所得税；2020年7月27日，国务院印发《新时期促进集成电路产业和软件产业高质量发展的若干政策》，对集成电路宽度不超过28纳米、65纳米的企业分别实施10年免征和“五免五减半”的所得税优惠政策；对重点集成电路设计和软件企业，实施自赢利年度起5年免征、后续减按10%税率征收所得税的优惠。

2016年，A股IPO排队企业众多，“堰塞湖”现象严重。9月9日，证监会发布了《中国证监会关于发挥资本市场作用服务国家脱贫攻坚战略的意见》，将对贫困地区企业首次公开发行股票、新三板挂牌、发行债券、并购重组等开辟绿色通道，开启了“上市扶贫”政策。

国家发改委2019年10月30日发布第29号令，更新了《产业结构调整指导目录》①，目录涉及48大行业，分为鼓励类、限制类、淘汰类三大类。与新能源相关的鼓励类条目包括：太阳能热发电集热系统、太阳能光伏发电系统集成技术开发应用、逆变控制系统开发制造，氢能、风电与光伏发电互补系统技术开发与应用，太阳能建筑一体化组件设计与制造、光伏建筑一体化部品部件等；此外，对新能源汽车电池提出了能量密度、循环寿命等参数要求，新增“人工智能”行业15个条目，为新兴产业培育指明了方向，引导新兴产业快速发展。这也意味着，鼓励类项目伴随着税收或补贴等优惠政策……

在埋头苦干之前，应充分研究、分析相关鼓励和优惠政策，避开限制类、淘汰类的产业、项目，找到能够享受优惠或扶持政策的入口，将助力

---

① http：//www.gov.cn/gongbao/content/2020/content_5467513.htm.

企业更好、更快地发展。

（5）政策风险

在我国，行业整顿通常采取乱而后治的模式，政府一旦决定治理，往往连续出台重量级政策，重拳挥出有可能出现矫枉过正；原有的鼓励或优惠政策等会随着产业调整或地方经济发展诉求的变化而调整甚至终止，政策风险因此应时而生。

阿里、腾讯经过20多年的发展，通过投资、并购等方式各自建立了超过10万亿规模的互联网生态圈，其他企业在融资或开通电商业务时通常要进行“二选一”，其市场霸权可见一斑。2020年初，实施了12年的《中华人民共和国反垄断法》开始“大修”，国家市场监督管理总局（以下简称“市场监管总局”）在其官网公布《<反垄断法>修订草案征求意见稿》，随后又发布《关于平台经济领域的反垄断指南（意见征求稿）》，整治垄断问题的苗头已非常明显。2021年初，阿里巴巴被开出182.28亿元的反垄断罚单，阿里巴巴、京东等在美上市中概股开始逆美股的上涨大势开启漫漫下跌之路；接着腾讯主导的虎牙、斗鱼直播平台合并被市场监管总局依法禁止；7月7日，市场监管总局宣布，阿里、腾讯、滴滴、苏宁、美团五大互联网平台共22起合并或收购案违反了《反垄断法》第21条，构成违法实施经营者集中，市场监管总局对涉案企业分别处以50万元罚款；7月24日，市场监管总局对腾讯控股收购中国音乐集团处以50万元罚款，同时责令其在30日内解除独家版权协议，并停止高额预付金等版权费用支付方式。

互联网巨头们在市场上滥用垄断权力，在市场监管总局的连番政策整治之下噤若寒蝉，股价持续下跌，大佬们的身价也大幅缩水。网络巨头们在历经整治之后还有东山再起的希望，可是学科教培行业呢？

2021年7月23日，中共中央及国务院办公厅发布《关于进一步减轻义务教育阶段学生作业负担和校外培训负担的意见》和通知（下称“双减”政策），要求“各地不再审批新的面向义务教育阶段学生的学科类校外培训机构，现有学科类培训机构统一登记为非营利性机构。对原备案的线上学科类培训机构，改为审批制。学科类培训机构一律不得上市融资，严禁资本化运作；上市公司不得通过股票市场融资投资学科类培训机构，不得通过发行股份或支付现金等方式购买学科类培训机构资产；外资不得通过兼并收购、受托经营、加盟连锁、利用可变利益实体等方式控股或参股学科类培训机构。已违规的，要进行清理整治。严禁非学科类培训机构从事学科类培训，严禁提供境外教育课程。”全国开始全面整顿教培尤其是学科教培行业。

只有与入学、升学紧密挂钩的学科教培，才是国内家长主观愿意、舍得或者说不得不付费的，这是教培行业近几年蓬勃发展的核心驱动力。而双减政策的实施，使得教培行业全面转入地下一对一，原本的营利性企业需全面转型非营利，曾经赢得众多投资机构“芳心”、准备美国上市的猿辅导、作业帮等可谓全军覆没，已经上市的新东方等，股价已跌去90%，面临强制性战略转型的巨大痛苦。对他们来说，政策风险比任何风险都可怕。

又如，滴滴出行无视中国政府的劝阻执意在美国上市后，2021年7月10日，国家互联网信息办公室发布《网络安全审查办法（修订草案征求意见稿）》，掌握超过100万用户个人信息的运营者赴国外上市，必须向网络安全审查办公室申报网络安全审查。

这意味着互联网企业甚至一些互联网+或+互联网的ToC传统企业要想在国外上市，必须接受网络安全审查办公室审查。

互联网相关的应用是最近20年投资界最红火的投资赛道。这一政策的实施，将导致相关企业的国外上市之路异常艰难，投资机构将越发谨慎——软银甚至已宣布暂停投资中国企业。

政策风险导致融资难或将成为不少企业今后需要面对的现实，尤其那些实施“烧钱”抢市场商业模式的企业。

另外，金融行业也常常面临政策变化的风险。在货币政策宽松时，无论企业还是个人都能获得相对宽松的贷款支持。但政策风险发生时，情况就不同了。

持续数年的降杠杆政策，将万达、海航等打回原形；限贷、限购等调控政策，使房地产企业普遍遇到现金流压力甚至危机；整治 P2P 理财乱象的结果，是这一行业整体消失；整治贷款乱象的结果，是蚂蚁金服的上市被突然叫停、银行消费贷等产品严格限制资金流向……

因此，宏观政策层面出现政策风险对企业的影响是巨大甚至是致命的，虽然我们并不清楚政策风险何时会发生，但是战略分析过程中应予以足够重视。同理，如果定性分析的结果难以决断，应该确定政策风险发生的（年化）概率 R（%）和风险发生时可能造成的平均损失 V（万元），那么：

$V \times R$ 就是政策风险带来的潜在年化减值损失。

（6）薪酬福利 / 工会制度

越来越多的创业者抱怨创业难、创业成本高。中国历经数十年高速发展，经济越来越发达、社会分工越来越细，好的机会越来越少；劳动力薪酬水平持续上涨。从营商大环境看，对比过去，企业的创业成本增加是客观事实。

其实相比之下，国内企业还是幸运的。国外很多国家有工会制度。工会最重要的工作就是年年要求企业为职工加薪，否则就会组织罢工。如果企业面对罢工仍不同意工会涨薪的要求，工会甚至有可能采取其他更为暴力的手段。

【案例】首钢如何面对国外工会制度

1992 年 11 月，首钢 1.18 亿美元收购了秘鲁铁矿（以下简称“秘铁”）98.4% 的股权，随后从国内向秘铁派驻了管理人员。

刚接手秘铁时，管理层仿效国内模式建立职工代表大会，但矿工们并不领情，他们根本不关心秘铁的经营决策和发展前途，唯一关心的就是工资和福利。

秘铁工会号称秘鲁最有战斗力的矿业工人工会，经常组织工人以罢工相威胁要求涨薪或增加福利。由于前期对这种文化、制度缺乏了解，最初两年，首钢派去的管理层对工会的要求几乎有求必应。秘铁为矿区工作的秘鲁高层月薪涨至5000美元、中层约2000美元，为职工提供免费住房、水、电、交通、医疗等，工资、福利在当时的秘鲁相当高。

然而，工会的要求没完没了，管理层几乎年年都要面对秘铁工会的涨薪要求和罢工威胁。1994年的一次罢工后，秘铁管理层开除了带头闹事的工会主席，态度开始变得强硬，拒绝工会要求的次数越来越多。2004年，秘铁工会组织工人无限期罢工，甚至与当地的黑社会组织“光辉道路”勾结，示威游行、砸玻璃、烧汽车，造成直接经济损失500万美元，并直接导致秘铁生产全面停滞。

罢工严重干扰了秘鲁铁矿的正常生产和经营，甚至威胁到管理层的人身安全。管理层虽多次报警，但是无法得到及时、有效、根本的处理。

为了根治罢工痼疾，首钢借助了中国政府的力量。秘铁管理层趁机与当地政府加强联系，同时暗示工人以及政府官员，如果工会继续闹事将永久放弃秘铁，届时他们的一切薪资福利将化为泡影。管理层开始智斗当地政府和工人，在工会中安插自己能掌控的人，试图逐渐控制工会……

首钢在秘铁的遭遇可能是很多走出去的中国企业的缩影。企业既要面对复杂多变的市场环境，又要面对难以应付的工会，经营难度可想而知。

（7）社会和商业保险

国内社保纳入税务部门征收、监管，越来越多的企业在员工社保问题上趋于规范，赢利空间被进一步压缩；只有少数企业使用劳务派遣、农民工、兼职员工等手段逃避缴纳员工社保。

一些危险性较高的行业，除了社保，企业可能还需要办理商业保险，以应对意外风险。否则风险发生时，企业会遭受意外的损失。

同理，在很多国家，除了养老保险等，也需要了解当地的商业保险制度，以尽可能地保障和维护员工与企业的利益。

毫无疑问，为员工缴纳社会保险和商业保险将增加企业的运营成本，企业有必要在当地政策许可的范围内制订相关对策，以尽可能地减少相关支出——规模小，省下的都是利润；另一方面，为员工缴纳社会保险又是合规、合法经营使然，否则，企业难以通过股权融资或IPO前的尽职调查、审计——规模大，规范的多是成本。

（8）文化因素

中国幅员辽阔、历史悠久，不同的地域在漫长的发展过程中形成了不同的文化。文化因素根植在人们的血液中，需要较长的时间和努力才有可能扭转、改变。同理，在一家企业工作久了、适应其文化之后，再跳槽到另一家文化迥异的企业，肯定需要时间才能完全适应。

如果涉及不同国家的人，那么问题会更复杂：文化差异往往会导致价值观的不同，这些不同会严重影响企业在当地的运营效率。文化融合是一个漫长的过程，难以期待当地人迅速接受我们的文化，相反，我们还得尊重对方，因为在人家的地盘上。英联邦以及部分非洲（历史上曾经是英、法殖民地）国家，大多认同家庭的重要性，很难要求他们下班后义务加班，加班费支出将大幅增加，而且以我们的标准衡量，他们的工作效率很低；非洲以及东南亚的一些国家，与政府要员搞好关系甚至雇佣其亲属等成为不成文的文化默契，如果不习惯有可能寸步难行；在有的国家，甚至不得不与军方打交道；北欧和大部分西欧国家的人，通晓一种以上外语的人很多，他们的国际化程度更高一些，充分沟通后在文化上彼此接受相对容易一些，但是他们的工作节奏并不快……

在跨地区、跨国建立分支机构前都应高度重视、了解和分析文化因素对工作效率、运营成本、管理和沟通成本等的影响，通过尽可能本土化的方式减小文化的冲突。

综上所述，将宏观环境各项因素分析的内容汇总到表2–16。

表 2–16　宏观环境分析汇总表

输入分析项目		优势	风险 / 劣势
宏观环境分析	国际环境		
	人身 / 投资安全风险		
	法律法规许可		
	国家鼓励 / 优惠政策		
	政策风险		
	薪酬福利 / 工会制度		
	劳动和商业保险		
	文化因素		

2.2.5 投资收益量化分析模型

宏观环境、行业发展、对手和自我分析四项输入完成之后，就到了汇总、输出分析结果的阶段。然而，面对繁杂的、有利有弊的信息或数据，难以直接得出明确的结果，仍需要进一步分析处理。

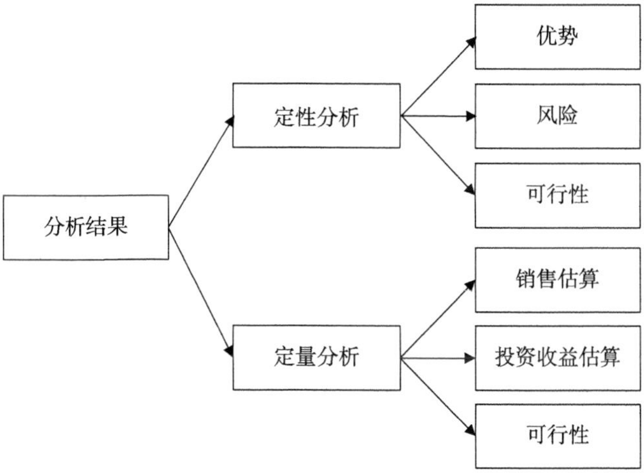

图 2–9　分析结果示意图

这个处理的过程既有定性分析，又有定量分析。定性分析偏感性，定量分析偏理性。尽管很多人不习惯、不擅长量化分析，往往凭感觉行事，但结果往往以量化的数据最具有说服力。因此，可行与否、如何进行，更应在定性分析的基础上，结合量化分析进行决策，否则就可能导致选择实施错误的战略。

（1）定性分析

定性分析通过汇总战略分析四大输入项的优势、风险等判断可行性。

表 2–17　内、外部优势分析汇总比较表

<table>
<tr><th colspan="4">输入分析项目</th><th>优势</th><th>风险 / 劣势</th></tr>
<tr><td rowspan="8">宏观环境分析</td><td colspan="3">国际环境</td><td></td><td></td></tr>
<tr><td colspan="3">人身 / 投资安全风险</td><td></td><td></td></tr>
<tr><td colspan="3">法律法规许可</td><td></td><td></td></tr>
<tr><td colspan="3">国家鼓励 / 优惠政策</td><td></td><td></td></tr>
<tr><td colspan="3">政策风险</td><td></td><td></td></tr>
<tr><td colspan="3">薪酬福利 / 工会制度</td><td></td><td></td></tr>
<tr><td colspan="3">劳动和商业保险</td><td></td><td></td></tr>
<tr><td colspan="3">文化因素</td><td></td><td></td></tr>
<tr><td rowspan="8">行业发展分析</td><td colspan="3">发展空间</td><td></td><td></td></tr>
<tr><td colspan="3">景气周期</td><td></td><td></td></tr>
<tr><td colspan="3">配套优势</td><td></td><td></td></tr>
<tr><td colspan="3">供应链稳定性</td><td></td><td></td></tr>
<tr><td colspan="3">地方补贴 / 税收优惠</td><td></td><td></td></tr>
<tr><td rowspan="3">行业壁垒</td><td colspan="2">资本</td><td></td><td></td></tr>
<tr><td colspan="2">人才、技术</td><td></td><td></td></tr>
<tr><td colspan="2">政策</td><td></td><td></td></tr>
<tr><td rowspan="6">对手分析</td><td rowspan="6">主要竞争对手</td><td rowspan="3">主要产品</td><td>技术</td><td></td><td></td></tr>
<tr><td>售价</td><td></td><td></td></tr>
<tr><td>性能表现</td><td></td><td></td></tr>
<tr><td rowspan="3">竞争战略</td><td>资源领先</td><td></td><td></td></tr>
<tr><td>模式领先</td><td></td><td></td></tr>
<tr><td>性价比领先</td><td></td><td></td></tr>
</table>

续表

<table>
<tr><th colspan="4">输入分析项目</th><th>优势</th><th>风险 / 劣势</th></tr>
<tr><td rowspan="7"></td><td rowspan="4"></td><td>人才及优势</td><td></td><td></td><td></td></tr>
<tr><td rowspan="3">主要市场</td><td>市场模式</td><td></td><td></td></tr>
<tr><td>市场分布</td><td></td><td></td></tr>
<tr><td>市场占有率</td><td></td><td></td></tr>
<tr><td rowspan="2">主流技术</td><td colspan="2">国际</td><td></td><td></td></tr>
<tr><td colspan="2">国内</td><td></td><td></td></tr>
<tr><td colspan="3">技术发展 / 替代趋势</td><td></td><td></td></tr>
<tr><td rowspan="21">自我分析</td><td rowspan="10">资源领先</td><td rowspan="4">人才</td><td>智力水平</td><td></td><td></td></tr>
<tr><td>技术水平</td><td></td><td></td></tr>
<tr><td>价值观</td><td></td><td></td></tr>
<tr><td>领导力</td><td></td><td></td></tr>
<tr><td colspan="2">专利 / 技术</td><td></td><td></td></tr>
<tr><td colspan="2">品牌 / 授权 / 市场</td><td></td><td></td></tr>
<tr><td colspan="2">供应链</td><td></td><td></td></tr>
<tr><td colspan="2">资本</td><td></td><td></td></tr>
<tr><td colspan="2">关系</td><td></td><td></td></tr>
<tr><td colspan="2">土地矿产及设备等</td><td></td><td></td></tr>
<tr><td rowspan="7">模式领先</td><td rowspan="3">商业模式</td><td>产品 / 服务</td><td></td><td></td></tr>
<tr><td>市场拓展方式</td><td></td><td></td></tr>
<tr><td>盈利模式</td><td></td><td></td></tr>
<tr><td rowspan="4">进入方式</td><td>自主</td><td></td><td></td></tr>
<tr><td>合作</td><td></td><td></td></tr>
<tr><td>聚焦</td><td></td><td></td></tr>
<tr><td>并购</td><td></td><td></td></tr>
<tr><td rowspan="4">性价比领先</td><td colspan="2">主流产品售价及性能表现</td><td></td><td></td></tr>
<tr><td colspan="2">产品设计的功能及性能</td><td></td><td></td></tr>
<tr><td colspan="2">成本核算</td><td></td><td></td></tr>
<tr><td colspan="2">定价及性价比分析</td><td></td><td></td></tr>
<tr><td colspan="6">输出分析项目：定性分析结论</td></tr>
</table>

表 2–17 是“4+1”分析模型最重要的成果之一，内、外部条件的汇总和对比，将充分发掘自己的绝对优势、相对优势，做到知己知彼、扬长避短，从而做出正确的判断、定位正确的战略。

优势项不必多言，但风险 / 劣势项可能会出现不同意见：每个人对风险的认识和承受能力不同，对同一件事会有不同的判断——有人在定性分析中会否决项目，也有人会对项目投赞成票。这并非认知上有高下之分，而是对风险的判断或承受能力有差异。在商言商，哪怕真正高风险的项目，也从来都是铩羽而归者有之，前赴后继者不乏。问题的根本在于，可行性结论取决于知识、经验、价值观、行事风格等，如果结论并非出自行业权威之手，似乎总是缺乏足够的说服力。这时，“该如何选择”的问题就需要结合定量分析，用定量分析来确定是激进、稳健还是保守。

（2）定量分析

在商言商，一切战略的终极目的，是依靠战略优势形成的核心竞争力为组织创造价值。而价值，有其衡量标准或方法。因此，战略是否可行、创造多少价值等，通过定量分析可以看得更清晰。

❖ 分析项目量化

定量分析的重点是将一些看似难以量化的项目量化，其核心是参考统计学原理，即按照每年可能发生的概率 × 引发的潜在收益或损失来量化每一个子项可能带来的年度收益或损失（见表 2–18）。

表 2–18 “四进”量化分析表

输入分析量化项目		量化结果（货币单位：万元 / 年，损失计为负值）		
发生概率及引发的潜在收益或损失		概率（%）	潜在收益 / 损失	量化收益 / 损失
宏观环境分析	国际环境			概率 × 潜在收益 / 损失
	人身 / 投资安全风险			同上
	法律法规许可		许可等合规代价	同上
	国家鼓励 / 优惠政策			同上
	政策风险			同上

续表

输入分析量化项目		量化结果（货币单位：万元 / 年，损失计为负值）		
	薪酬福利 / 工会制度		+/– 的成本	同上
	劳动和商业保险		同上	同上
	文化因素		同上	同上
行业发展分析	景气周期		带来的额外增长	同上
	配套优势		节省的成本	同上
	供应链稳定性		同上	同上
	地方补贴 / 税收优惠			同上
	行业壁垒		代价 / 节约成本	同上
自我分析	人才价值	/	估算	同上
	专利 / 技术	/	同上	同上
	品牌 / 授权 / 市场	/	同上	同上
	供应链		节省的成本	同上
	资本		节省的融资成本	同上
	关系		带来的额外增长	同上
	土地矿产及设备等	/		同上
合 计				

如表 2–18 所示，“潜在收益 / 损失”一栏中：

“许可等合规代价”，是指申请法律、法规等规定的许可证照等所需花费的代价和成本。已经取得相关许可的，意味着拥有了壁垒，记为正值；否则记为负值。

“+/– 的成本”，是指因前项内容引发增加的成本或节约的费用。增加的成本记为负值，节约的费用记为正值。

“代价 / 节约成本”，计算方法与“许可等合规代价”相同。

“带来的额外增长”，是指景气周期或关系引发的额外年销售收入增长。

“节省的融资成本”，是指自己的资本优势导致节省的融资中介费用（通过中介机构股权融资，通常需要按比例支付融资费用）。

以在俄罗斯从事贸易项目为例计算“人身 / 投资安全风险”，假设警察每年突袭市场、查扣没收货物的概率为 50%（平均两年一次，实际应参考历史数据），查扣货物导致的损失为 100 万美元（折合人民币 650 万元），则“潜在收益 / 损失”计为：50%×（－650）＝－325 万元。

“薪酬福利 / 工会制度”，假设工会制度的存在导致每年需要以 10% 的幅度为员工上涨工资，发生概率为 100%，则由此引发 10% 的薪酬成本增加（记为负值）。

“人才价值”“专利 / 技术”“品牌 / 授权 / 市场”等资源的价值根据实际情况（可能创造的价值、研发成本、市场拓展成本等）估算。

依此类推，计算出所有项的“潜在收益 / 损失”值，并汇总出合计值。该合计值即为项目年度可能增加的收入或投入。

❖ 销售估算

粗略制订实施计划，并逐月估算销售量、销售额，并估算销售人员数量及其费用，以及支撑此市场计划所需的逐月生产、管理、研发等费用。

将“输入分析量化项目”表中“潜在收益 / 损失”的合计值（年化）假定为“非经常性损益”，汇总得到表 2–19。

表 2–19 中的第 30 项将清晰地显示“年度收支”是否为正，贸易类的项目如果测算后该值为负，则说明潜在亏损的风险较大，不宜进行；产能逐渐释放类的项目，估算 3 年 –5 年的数据，可以测算出可供参考的动态收支平衡点（此后不需继续增加投资可维持动态收支平衡）。

考虑各内外部因素的量化潜在损益后，“修正总成本”= 总成本 – 分析项目量化收益 / 损失 =P26–P27。则：

修正后，单位产品的平均成本为 =“修正总成本” ÷ 销售量（合计）=（P26–P27）÷ P28=P31 ÷ P28。假设以修正的平均成本为基础定价，与对手分析中的主流产品价格相比，看看能否具有成本优势。

表 2-19　年度投入收益分析表

序号	A	B	C	D	E	F	G	H	I	J	K	L	M	N	P
1	成本项目（元）		1 月	2 月	3 月	4 月	5 月	6 月	7 月	8 月	9 月	10 月	11 月	12 月	合计（元）
2	生产成本	原材料													
3		加工费													
4		包装费													
5		仓储费													
6		运输费													
7		小计（元）													
8	摊销成本	房租													
9		折旧													
10		工资													
11		五险一金													
12		福利费													
13		差旅费													
14		交通费													
15		水电费													
16		保洁费													
17		网络服务													
18		广告费													

续表

序号	A	B	C	D	E	F	G	H	I	J	K	L	M	N	P
19		设计印刷													
20		培训费													
21		会议费													
22		招待费													
23		财务费用													
24		耗材等													
25		小计（元）													
26	总成本	合计（元）	=C7+C25	=D7+D25	=E7+E25	=F7+F25	=G7+G25	=H7+H25	=I7+I25	=J7+J25	=K7+K25	=L7+L25	=M7+M25	=N7+N25	=P7+P25
27	量化收益 / 损失（元）		/	/	/	/	/	/	/	/	/	/	/	/	
28	销售	销售量													
29		销售额													
30	年度收支（元）		/	/	/	/	/	/	/	/	/	/	/	/	=P29+P27–P26
31	修正总成本（元）		/	/	/	/	/	/	/	/	/	/	/	/	=P26–P27
32	平均总成本（元 / 个）		/	/	/	/	/	/	/	/	/	/	/	/	=P31 ÷ P28

这几张表如此重要，它们就是战略分析、可行性分析的解码器！

综合定性分析以及定量分析中年度收支、动态收支平衡点、修正的平均成本等数据，与原本的预期（投资收益）相比，是否具备可行性已经了然。

《孙子兵法》以“五事七计”未战而知胜负、知可战或不可战，我们以“4+1”知“可为或不可为”，解决是否应该做的问题。

至此，战略分析过程暂告结束：如果不可行，即使想做，也应该就此终止；如果可行，则进入下一个流程：战略规划。

2.2.6 “4+1”分析模型的弹性和局限性

“4+1”战略分析模型涵盖了宏观环境、行业发展、对手和自我分析等比较全面的内外部因素，并通过定性和定量分析模型给出可行性结果，能够有效地规避冲动性或认识不足等引发的决策风险，特别适用于战略决策分析。

组织内部更低级别的职能部门在决策中是否能够使用这一模型呢？当然可以。对于部门级或执行层级的组织，不再需要考虑可行性，因此无需分析宏观环境、行业发展及可行性，仅需进行自我分析、对手分析等，即采用精简版的“2+1”模型，能够理性地发现自我优势、不足，扬长避短。

由于“4+1”模型涉及的内外部因素很多，其中有些因素量化难度较大，有些信息、数据收集和估算难度较大，因而加大了客观、准确分析的难度，甚至可能导致分析结果出现偏差。但是，战略分析阶段收集信息、数据和估算难度大？还是在分析不充分的情况下贸然参与竞争遇到的困难和损失大？

可能我们还会说，凡事都这样去分析，那啥事也别做了！不少成功人士创业时根本没有认真做过战略分析，就是抓住机会去做，然后一路走下来就成功了。没有认真做过战略分析不等于没有认真考虑，更不等于没有战略；更多的创业者在仓促进入市场后被淘汰。

不经过充分、认真的分析，然后去试错，浪费的是试错的成本和宝贵的时间。几次试错之后，才发现真的错了，可是钱也没了、时间也浪费了，何其哀也！如果认真进行战略分析，有些错可能不必去试。

真正的好项目、正确的决策，一定经得起充分的分析。“4+1”作为一个相对可行的战略分析模型，为组织甚至个人重大决策提供了分析方法和框架。

2.3 解码“8+1”战略规划模型

战略分析解决“应该做什么”、做正确的事，战略规划则要解决“应该怎么做”、正确地做事。

艾·里斯和杰克·特劳特在 1972 年提出的营销定位理论，被称为“有史以来对美国营销影响最大的观念”，足见准确定位的威力。

战略规划同理。准确的规划将极大地提高战略管理效率。

首先，要规划战略类型，确定什么样的战略最能发挥组织的优势、效率最高；其次，要规划商业模式，确定目标市场、目标用户群、产品和技术、市场拓展模式和盈利模式；然后要进行营销规划，结合战略优势，将商业模式落地。

战略规划流程仍然涉及大量的分析工作，仍处于纸上谈兵阶段，我们通过“3 大规划”“8 大定位”及“1 个反馈”解码战略规划工作。这一模型简称为“8+1 战略规划模型”，如图 2-10 所示：

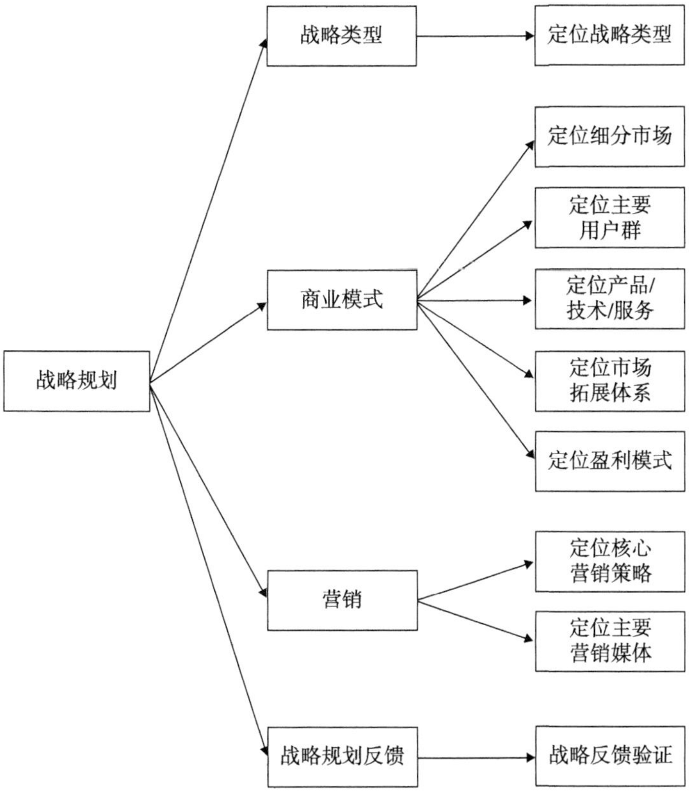

图 2-10　8+1 战略规划模型示意图

接下来我们逐一分析。

2.3.1 定位战略类型

做正确的事，选择正确的战略，至关重要。

新战略类型示意图给出了资源领先、模式领先、性价比领先以及连续博弈四大战略及若干细分战略类型。在此基础上，结合战略分析阶段主要竞争对手及自我分析表格等信息，汇总如表 2-20 所示：

表 2-20 战略类型规划分析表

战略类型及细分比较内容				自我分析	竞争对手 1	竞争对手 2	竞争对手 n
资源领先	土地 / 矿产 / 设备等						
	人才 / 技术 / 市场	领军人物					
		核心高管团队					
		核心技术人才					
		核心市场资源					
	品牌 / 专利 / 授权						
	资本						
	关系						
	配套 / 供应链						
模式领先	商业模式	产品 / 服务	创新性				
			领先性				
		市场体系	自营网站				
			电商直播等				
			直营				
			加盟				
			代理经销				
			直销				
		拓展、营销方式	广告				
			口碑传播				
			短视频				
			直播				
			会议营销				
			活动营销				
		盈利模式	To B				
			To C				
			第三方				
		其他	返利 / 分润				
			促销				
			上下游合作				

续表

<table>
<tr><th colspan="4">战略类型及细分比较内容</th><th>自我分析</th><th>竞争对手 1</th><th>竞争对手 2</th><th>竞争对手 n</th></tr>
<tr><td rowspan="8"></td><td rowspan="3">自主发展</td><td colspan="2">人才 / 技术优势</td><td></td><td></td><td></td><td></td></tr>
<tr><td colspan="2">资本优势</td><td></td><td></td><td></td><td></td></tr>
<tr><td colspan="2">市场优势</td><td></td><td></td><td></td><td></td></tr>
<tr><td rowspan="2">合作发展</td><td colspan="2">产品 / 技术</td><td></td><td></td><td></td><td></td></tr>
<tr><td colspan="2">市场</td><td></td><td></td><td></td><td></td></tr>
<tr><td>聚焦</td><td colspan="2">资源</td><td></td><td></td><td></td><td></td></tr>
<tr><td rowspan="2">并购</td><td>参股</td><td rowspan="2">对象、估值、协同</td><td></td><td></td><td></td><td></td></tr>
<tr><td>收购</td><td></td><td></td><td></td><td></td></tr>
<tr><td rowspan="4">性价比领先</td><td colspan="3">高效用高价</td><td></td><td></td><td></td><td></td></tr>
<tr><td colspan="3">高效用平价</td><td></td><td></td><td></td><td></td></tr>
<tr><td colspan="3">高效用低价</td><td></td><td></td><td></td><td></td></tr>
<tr><td colspan="3">平效用低价</td><td></td><td></td><td></td><td></td></tr>
<tr><td rowspan="3">连续博弈</td><td colspan="3">产品</td><td></td><td></td><td></td><td></td></tr>
<tr><td colspan="3">技术</td><td></td><td></td><td></td><td></td></tr>
<tr><td colspan="3">市场</td><td></td><td></td><td></td><td></td></tr>
</table>

上表中的各项汇总信息，将直观地反映与各主要竞争对手的比较结果，发现自己的绝对优势或相对优势。有优势，才可能产生组织持续运营和发展所需的现金流，并在竞争中胜出。

绝对优势是指相关项的实力优于主要竞争对手，相对优势是指虽然未能在对比中占据优势，但在自己的细分项目中是相对最强的。

如果多个类型项目具有绝对优势，则可优中选优或者考虑多类战略并行；如果只有某一类型项目具有绝对优势，则该类战略就是应选择的主要战略类型；

如果没有项目具有绝对优势，只在某一类型项目具有相对优势，则该类战略也是应选择的主要战略类型……

发挥绝对优势会使自己做到最好，发挥相对优势将做最好的自己。

除了优势，在比较中还会发现自己的弱势，弱势方面在后续竞争中需要刻意强化、补齐短板，防止被竞争对手从这里突破。

战略类型定位将构建我们的核心竞争力。应引起重视的是：

资源领先优势落地、变成产品或市场优势需要时间，并不意味着我们拥有了强大的关系等资源，市场问题就能迎刃而解，市场影响力、行政等权力变成市场权力，同样需要时间（例如罗永浩做锤子手机失败）；技术优势变成产品优势同样需要资金和时间的推动和打磨。模式领先优势起作用、变成产品或市场优势也需要时间，即：模式本身也有被市场实证正确或证伪的过程（例如团购模式）。

……

因此，确定了战略类型之后，需要围绕该战略深耕资源，在此基础上把其他规划工作做实。

2.3.2 商业模式规划

在战略分类中，既然模式领先战略包含商业模式领先，为什么战略类型规划之后还要规划商业模式呢？因为并非所有的项目都会采用商业模式领先战略，但是所有的项目都需要有适合自己的商业模式。

在规划商业模式的过程中，除了规划工作本身，还应着重考虑以下几点：

❖ 尽量处于价值链的主导地位。充分整合资源，使自己的核心优势与相应资源有机地结合，从而占据价值链中最重要的环节，尽可能处于整条价值链的控制地位。否则，可能为他人做嫁衣。

❖ 要用连续博弈战略的思维审视商业模式。思考竞争对手可能的反应、自己的对策以及如何构筑模仿壁垒。商业模式不同于专利、商标等可以受到法律保护，因此，发展效率和规模是最好的壁垒。

❖ 商业模式是动态的。商业模式、战略等都会随着市场条件的变化而发生改变。销售变得困难、增长显得乏力往往是需要主动改变甚至创新的信号。

商业模式规划围绕其核心内容——细分市场、主要用户群、产品与服务、市场拓展体系、盈利模式进行。

（1）定位细分市场

市场是战略的作用点，是战略的重要组成部分。对战争来说，即战场、“地”，十三篇《孙子兵法》有两篇是关于“地”的——“地形篇”“九地篇”，而且开篇的“计篇”关于战略分析的“道、天、地、将、法”五事，“地”占其一，足见其重要性。选错了“地”，战争可能失败；选错了市场，竞争可能不胜。

市场的分类方法有很多：

从消费能力划分，有高端、中端、低端市场，有一、二、三、四、五线城市市场；

从消费偏好划分，有品牌、功能市场；有刚需、消费升级市场；

从消费对象划分，有男士、女士市场，有老年、中年、青年、儿童、母婴市场，有政府机关/事业单位/军队/国央企、外企/合资企业、民营企业、个人市场；

从地理位置划分，有国际、国内市场，国内又分为各大区域市场、城/乡市场；

从应用行业划分，有各大行业市场；

从应用场景划分，有室内、户外等市场……

由于资源、能力等相对有限，即使未来志在覆盖所有市场，在初期进入市场时仍需适当定位，选择最容易立足和突破的市场。这一定位过程，意味着要寻找到能够撬动整个市场的战略起点。它使我们可以在短期内集中自己有限的优势打“歼灭战”，有条件后再逐渐各个击破。

很多跨国公司在进入中国市场时，并没有利用自己在资金、产品、技术、品牌等多方面的绝对优势，在市场上全面“开战”，而是做了精心的市场规划。

【案例】欧莱雅进入中国市场的路线图

欧莱雅（法国）化妆品集团公司是目前世界上最大的化妆品公司，创立于1907年，经营护肤、美发、香水、彩妆、药妆5大类、500多个知名品牌。

理论上，欧莱雅进入中国市场可以选择部分产品在全产业市场参与竞争，但是欧莱雅并没有这样做。

1996年，欧莱雅在中国成立了公司，但并没有急于投放产品；同年，收购了美宝莲，借助美宝莲在中国各地商场的渠道网络进入中国的唇妆和彩妆市场，并开始生产巴黎欧莱雅等自有品牌产品。

1997年，欧莱雅旗下品牌兰蔻、巴黎欧莱雅等开始进入中国高端、中端化妆品市场；2003年底，欧莱雅收购了中国本土品牌“小护士”，推进了在中国大众护肤品市场的发展；2004年，欧莱雅收购了定位于亚洲女性的中高端化妆品品牌“羽西”……

如今，欧莱雅旗下18个国际知名的品牌、数以百计的产品在国内市场投放，涉及化妆、护肤、药妆、美发、护发等，覆盖了高、中、低端全产业市场。

在影响力最大的手机市场，华为、小米等国内品牌开始进入市场时同样都未全面开花，而是不约而同地选择了中低端市场，放弃从高端市场切入。历经数年发展后才逐渐推出各自的高端品牌或产品。

市场规划过程中，应重点分析期间收集、整理的信息和数据，汇总后如表2–21所示：

表2–21　市场规划分析表

市场体系分析项目		数据 / 信息	自我分析	竞争对手1	竞争对手2	竞争对手n
线上渠道	自营网站					
	电商 / 微商等	分类销售额				

续表

<table>
<tr><th colspan="2">市场体系分析项目</th><th>数据/信息</th><th>自我分析</th><th>竞争对手1</th><th>竞争对手2</th><th>竞争对手n</th></tr>
<tr><td rowspan="7">市场体系</td><td rowspan="4">市场分类（按区域、行业、消费水平/对象、应用场景等）</td><td rowspan="4">分类销售额、增长率等</td><td></td><td></td><td></td><td></td></tr>
<tr><td></td><td></td><td></td><td></td></tr>
<tr><td></td><td></td><td></td><td></td></tr>
<tr><td></td><td></td><td></td><td></td></tr>
<tr><td>市场架构</td><td>画出架构图</td><td></td><td></td><td></td><td></td></tr>
<tr><td>利润分配制度</td><td></td><td></td><td></td><td></td><td></td></tr>
<tr><td>市场团队</td><td></td><td></td><td></td><td></td><td></td></tr>
</table>

在此基础上，结合行业专家和市场人员反馈的第一手信息和数据进行更新，充分听取他们的专业意见。

问题来了：在市场规划甚至战略规划过程中，市场经理与总经理/董事长孰高孰低？更应采纳谁的意见？

这个问题可能没有唯一答案。因为不同类型的企业，战略重心不同，市场经理与决策层在这个问题上的地位就会不同：技术驱动的企业，如华为等，市场经理能够比决策层更好地定位吗？但在市场驱动的行业，如饮料、保健品等，市场经理的权重无疑更高一些。在市场问题上，市场经理的直觉、敏感度无疑更高，但由于信息、资源及视野等的不对称，他们不可能比决策层更了解企业的领先优势。因此，科学的态度是：充分地听取，辩证地采纳，选择自己最具优势的市场突破。

应当注意的是，定位的细分市场只是我们进入市场的切入点，未必是终点。由于细分市场的规模和空间往往有限，借助细分市场实现突破之后，不应忘记固有的战略目标，及时拓展其他市场。

（2）定位主要用户群

旨在找到那些最可能使用我们产品或服务的用户。

任何一个市场都是由用户构成的，因此，定位了细分市场在很大程度上意味着定位了主要用户群。但是，这并不意味着细分市场与主要用户群可以直接画等号。事实上，细分市场与主要用户群之间存在很大的不同。实际情况往往是：一个细分市场理论上也可能包含了很多类型的用户。要追求以最低的代价取得最高效的发展，必须进一步定位，缩小目标用户群，为精准营销奠定基础，提高营销和市场运营的效率。因而需要将人群进一步划分不同的类别，形成用户群的集合，从中锁定首要的目标用户。有时候，定位了主要用户群并不意味着这一过程成功结束。用户群和购买者有时并不是统一的，他们可能分别代表两个群体：实际使用者和购买者。因此，有可能还需要在此基础上进一步定位购买者。例如，婴儿用品、礼品等都具有类似的特点。

总之，如果不进行细分市场和目标用户群定位，或者定位不准确，例如高性价比产品战略下，却把细分市场和目标用户群定义在了高端市场和高消费人群，这样的后果很可怕，这一目标市场对价格不敏感，更愿意追逐高价品牌。因此，细分市场和目标用户群定位一定是与战略相匹配的。

（3）定位产品、技术与服务

产品、技术与服务是链接组织与用户、帮助我们实现战略目标的工具。

根据市场定位的结果，结合对手分析过程中有关产品、技术的信息及自己在产品、技术方面的优势，汇总符合市场定位的相关产品如表 2–22 所示：

表 2–22　产品定位分析表

目标市场产品	数据 / 信息	自我分析	竞争对手 1	竞争对手 2	竞争对手 n
产品 1	产品规格				
	售价				
	年销售额				
产品 2	产品规格				
	售价				
	年销售额				

续表

目标市场产品	数据 / 信息	自我分析	竞争对手 1	竞争对手 2	竞争对手 n
产品 n	产品规格				
	售价				
	年销售额				
主要供应链					
主流技术					
技术发展趋势					

定位过程中，充分听取市场、技术人员的专业意见，结合他们的意见更新表格中的相关信息。

在产品过剩、信息发达的时代，选择多而方便导致了用户的挑剔。用户忠诚度开始降低，品牌的影响力有弱化趋势。强化对产品的精准定位，为打造精品奠定基础。

定位产品、技术或服务的方法有很多，从定位角度可划分为自我为主、竞争为主、用户为主。市场竞争的加剧使得市场逐渐转向买方主导，因此，充分考虑目标用户群的需求，提供满足主要用户群需求的产品或服务将更容易成功。所以，产品、技术或服务的准确定位，除了参考更新后的相关表格、自己的技术等优势，还应充分调研、结合目标用户的需求，从而确定最利于打开目标市场的产品。

关于产品定价，如前所述，除了参考“4+1”战略分析模型中的成本核算模型，还应综合考虑竞争对手产品的定价（多数情况下，产品定价难以完全自主确定，除非具有绝对的领先优势），以确保自己的产品具有性价比优势。

产品线的管理涉及供应链、市场销售、库存等诸多复杂的环节，回款能力、周转率、减值损失等考验管理效率。市场和产品的准确定位，有利于简化产品线、铆定供应链、轻装上阵；同时，这也将在很大程度上影响着品牌定位，因为用户与品牌之间主要通过产品、市场建立彼此的联系和影响。

以手机产品为例，国内的手机企业以量取胜，产品线丰富，甚至多品牌、多产品型号同时上阵；苹果公司的产品线相对而言少得可怜，但是其市场领导地位至今难以撼动。这体现了不同的产品战略。

（4）定位市场拓展体系

根据市场（目标用户群）、产品定位的结果，摘录对手分析以及自我分析在相关市场的数据和信息，汇总如表 2-23 所示：

表 2-23　市场拓展体系定位分析表

细分市场拓展方式分析项目		分类数据 / 信息	自我分析	竞争对手 1	竞争对手 2	竞争对手 n
线上渠道	自营网站					
	电商 / 微商等					
	直播 / 短视频等					
线下市场	拓展方式（销售额、增长率等）	直营				
		加盟				
		代理 / 经销				
		直销				
		其他				

参考对手的市场情况、结合自己的市场资源优势，充分听取市场人员的建议和意见，确定市场的拓展模式，为完善组织架构和组建市场团队奠定基础。

（5）定位盈利模式

盈利模式是指组织创造价值的方法、赚钱的方法，是驱动组织持续运营和成长的重要力量，在很大程度上决定其成败和价值。

从古到今，企业的盈利模式经历了多次迭代：

最基本的盈利模式：低买高卖的贸易模式——产品售价高于成本，进而产生利润，这一古老的、历史悠久的模式似乎永远有效；

自主扩张的模式：连锁经营——不满足于一地的市场时，在多地开设分支机构开拓市场；

借力扩张的模式：加盟——不满足于一地的市场，利用品牌优势，收取加盟费并借其力量在多地开设分支机构，分享市场利润；

先亏后赚的模式：产品耗材互补——由美国吉列以亏损价格出售剃刀、但通过刀片赚取利润而开其先河，随后在20世纪末至今的喷墨打印机等领域得到进一步的发扬光大：我们以非常低廉的价格获得一台喷墨打印机，但是却要付出相对高昂的代价购买原厂的打印墨盒等耗材；

撮合模式：即中介，通过收取中介服务费、会员费等获得盈利；

借鸡下蛋模式：如融资租赁等，借他人的生产资料、平台、市场等创造盈利；

会员模式：通过发展会员、收取会员服务费盈利；

免费模式：门户网站等以免费内容吸引用户，通过收取第三方广告费等盈利；

平台模式：平台规模做大以后，盈利模式更加丰富，会员费、交易服务费、广告费、金融服务费等，甚至出现“羊毛出在猪身上，狗来买单”等更加诱人和复杂的模式。

……

不论盈利模式如何进化，其本质难以改变：为用户带来价值！

任何的商业交易，在成交的瞬间，双方都觉得值，即双赢；否则就不会成交。即产品提供方获得销售利润，而用户方购买后会带来比成交价更高的价值或效用。如果不能为用户更好地创造价值，用户就会选择离开。

经过准确的商业模式定位后，企业集中资源、以模式领先战略切入市场，能够取得领先优势。但是，资源在变化，市场和企业自身条件也在变化，企业应借助领先优势及早从最初巧妙切入的细分市场向全市场拓展——要想做大，硬碰硬的常规市场竞争终究不可避免，否则就会陷入被动。

【案例】5100以“不战而胜”的商业模式进入市场

西藏冰川矿泉水有限公司（以下简称“公司”）大事记显示，公司于2005年10月在西藏当雄成立；2006年8月建立第一条生产线并开始试生产5100牌矿泉水；2007年4月建成产能更大的第二条生产线。

在5100冰川矿泉水（以下简称“5100”）面世之前，国内的高端矿泉水市场一直被依云、屈臣氏等外资品牌占据。

尽管5100出身高贵并拥有稀缺的资源优势和壁垒，但5100在上市初期没有采用通过渠道铺货等常规的商业模式进入市场竞争。

借举世瞩目的青藏铁路2007年7月1日正式开通之机，5100与中铁快运达成协议，中铁快运每年从5100采购7.5万吨矿泉水，5100对其实施买一赠一，即中铁快运每年“消化”15万吨5100，用于在高铁、和谐号动车上向乘车旅客免费派发。这一合作一直持续到2011年6月底。

凭借中铁快运这一超级大客户，5100每年获得1亿多元的净利润保障，可谓“兵不血刃、不战而胜”；更为重要的是，5100随着全国各个车站以及数以千计的动车为广大乘车旅客所熟知。

公司没有固守着这条看来轻松的曲线商业模式，而是利用这宝贵的4年时间，积极地进行市场开拓。到2011年6月底，5100与中铁快运的合作到期后，双方签署了新的合作协议：中铁快运每年从5100采购5万吨矿泉水，5100不再买一赠一。

超级大客户采购量的剧减没有影响5100的利润，相反，2011年全年5100实现净利润3.73亿元，较2010年的1.15亿元大幅增长224%——这说明5100在新市场的开拓取得了成功：BP石油公司、中国移动、中国石化以及中国各地政府机构等新的大客户使5100对中铁快运的依赖度由原来的80.5%降至62%。公司当年在香港主板成功上市，融资、扩建生产线。

2015年，中铁快运结束与公司的合作——中铁快运累计投入了15.92亿元采购5100。此后公司与国航、中石化及中国邮政、建银国际、工银国际、茅台集团等建立战略合作。2016年，公司推出中低端水产品卓玛泉和格桑泉，前者进入中石化加油站渠道，后者再次与中铁快运合作，在高铁动车上售卖格桑泉。

2017年销售数据显示，公司水产品销售均价从2016年的7657元/吨降到6859元/吨，毛利率则从69%降至62%；公司水产品产能为30万吨，当年销售量为7.2万吨，这意味着超过7成的产能被闲置，市场拓展并不顺利。

我们看到，5100进入市场采用的商业模式没有竞争对手，中铁快运这个超级客户一直将公司“送”到香港上市——公司对青藏铁路开通时机的把握以及深厚的关系资源令人惊叹；然而正如前文多次强调的，关系和单一大客户为公司的发展提供机遇的同时，也带来了风险。借助大客户躺赚导致常规的市场拓展体系成为公司的短板，公司没有及早升级切入市场的商业模式。从公司的产品结构及其对应的市场拓展情况来说，核心产品5100专注于国内高端水市场，失去中铁快运这一超级客户后，虽然补充了一些大客户，但远远无法与中铁快运的采购量相比，零售市场销售渠道拓展缓慢；卓玛泉、格桑泉分别依赖中石化加油站和高铁动车上的售卖渠道，渠道更是单一，且产品的定价区竞品多，市场竞争激烈。市场拓展的不利直接导致公司产能大量闲置。

这一案例揭示了战略规划、商业模式规划的重要性以及战略、商业模式动态迭代的重要性。

2.3.3 营销规划

（1）定位核心营销策略

商业模式确定后，细分市场、主要用户群、产品与服务、市场拓展方式、盈利模式都已明确，因而定位与之相适应的营销策略可谓水到渠成。

将营销上升到战略层面，结合对手分析和自我分析中关于市场及营销情况的汇总资料对比，在资源领先、模式领先、性价比领先、连续博弈四大类战略类型中思考、选择适合自己的营销战略类型。

由于主要用户群、市场拓展体系和盈利模式的营销对象未必一致，且营销活动目的不同也将导致具体手段和传播媒体等的差异，因此有可能需要分别采取不同类型的营销策略。

表 2–24 营销策略定位分析表

营销策略定位分析项目				资源	模式	性价比	连续博弈
营销对象	细分市场/主要用户群	线上	微信/网站/搜索引擎				
			电商/视频/直播等				
		线下	广告				
			事件/体验/活动营销等				
			标志性项目等				
	市场拓展体系	广告	定位媒体				
		口碑传播	微信/微博等				
		短视频/直播					
		行业协会等					
		会议营销	加盟/代理/经销				
		活动营销	加盟/代理/经销				
	盈利模式对象	To B	线上、线下				
		To C					
		第三方					
营销目的	产品介绍	线上	策略、媒体				
		线下	同上				
		营销对象	同上				
	品牌推广	线上	同上				
		线下	同上				
		营销对象	同上				
	引流	线上	同上				
		线下	同上				
		营销对象	同上				
	转化成交	线上	同上				
		线下	同上				
		营销对象	同上				

续表

营销策略定位分析项目				资源	模式	性价比	连续博弈
	重复购买	线上	同上				
		线下	同上				
		营销对象	同上				
	其他	线上	同上				
		线下	同上				
		营销对象	同上				

营销策略的分析过程是战略分析的缩减版，如前文所述，除了略过宏观环境和行业发展分析外，针对市场营销的对手分析和自我分析过程必不可少，这里，借助“二进一出”模型确定针对主要用户群、市场拓展体系和盈利模式的核心营销策略类型，不再赘述。

营销与商业模式类似，更容易守正出奇，在充分整合资源的情况下，有效、创新的模式将产生不同凡响的效果。同时，营销又不得不考虑性价比和连续博弈，因为营销预算不可能无限制，竞争对手的反应也会影响营销策略的连续性。

定位过程中，还应抓住营销目的、不同营销手段的核心要素。例如：

事件营销通过策划一些具有新闻价值或社会影响力的事件或活动，引起媒体、公众或目标用户的关注，从而提高企业品牌、产品或服务的知名度甚至销售量。这种营销方式突发性强、短期受众面广，能使信息达到最大化、最优传播，节约大量的营销成本。基于新闻媒体的多样性、对同一事件观点的多样性以及在传播过程中很难驾驭的特点，在条件或准备工作不充分时应慎用事件营销，防止失控带来负面作用。因而，策划事件营销应策划周密、准备充分。

❖ 首先应了解新闻传播的规律。要使策划的事件成为有价值的新闻才能引发追捧，而新闻学和传播学有其特定的规律，这些基本的知识如果不了解，营销人员策划的事件很可能难以引起新闻媒体的注意，事件营销策划就难以成功。

❖ 思考各环节的潜在负面影响、落实事件实施过程的各个细节，将负面因素降至最低，确保不出现纰漏。任何事物都有两面性，事件亦然。由于事件的发生过程会被大量媒体、个人目击，因此，应缜密有序地按设计进行，尽量避免插曲发生，这有赖于细致的筹划和准备工作。如果出现与策划意图不谐调的插曲，则应有恰当而及时的应对方案，以免影响事件营销的效果。

❖ 事先与媒体进行必要的沟通和交流，取得他们的支持和配合。如果事件本身的确有新闻价值，媒体相对会更加重视。保持与媒体的良好关系，对于持续的事件营销也将起到较好的作用。

汶川抗震救灾期间王老吉捐款 1 亿元、郑州水灾期间鸿星尔克捐款 5000 万元，都成为令人关注的事件，对品牌美誉度和短期销量都起到了直接拉动作用。

又如，口碑营销要顺利开展，需要了解用户传播口碑的主要目的（包括表达使用产品或享受服务过程中的感受、自我肯定或突出自己的需要、与他人分享快乐等情感的需要等）。因此，要提高用户的体验，使其获得超出预期的满意度；同时可以给予口碑传播用户一定的好处，鼓励他们进行传播。

由于口碑营销是由用户实施的，因此，它具有更高的可信度和有效性，可以使企业的营销成本大大降低。在实施口碑营销之前，应做好以下准备工作，否则难以达到预期效果。

❖ 优化产品和服务体系

不断优化自己的产品设计和研发细节，力争向用户提供非同一般的产品体验，这是产生良好口碑的基础。

❖ 寻找意见领袖

意见领袖在口碑营销中占据非常重要的地位。因此，应发掘一些表现积极且有影响力的网络用户；除此之外，联系一些具有组织能力、消费能力的朋友，为搭建未来口碑营销的网络做准备。

❖ 搭建沟通平台

要建立完善的客户沟通体系，及时改善客户服务质量，巩固客户关系。

❖ 客户回馈

为了鼓励用户开展口碑传播，应建立一定的奖励机制。奖励机制不一定全部是物质奖励；相反，很多成功的案例表明精神层面的激励和认同有时很容易激发网络用户的热情。

综上所述，核心营销策略的定位，将明确不同营销对象和营销目的的策略以及实施相关策略所需的准备工作。

（2）定位主要营销媒体

不同的营销媒体（例如电视、报纸、杂志、广播、电梯、公交广告、户外海报、户外大屏幕、宣传页、静态网页广告、网络动画、手机、短视频、直播、关键字等）存在受众、表现形式、篇幅等方面的不同，导致传播方式和营销的效果存在差异，因此需要根据不同的营销主题定位不同的营销媒体：有的适合品牌宣传，有的侧重展示、销售，有的则吸引合作伙伴等。

根据艾瑞咨询“中国网络广告年度洞察报告”，2020 年度中国五大媒体（网络、电视、广播、报纸、杂志）广告市场规模达到 8729 亿元，同比增长 12.9%，其中网络广告市场规模达到 7666 亿元，同比增长 18.6%，占比高达 87.82%——网络以碾压式的优势成为第一大广告媒体。其中：

按传统 PC 互联网与移动互联网划分，移动广告市场规模达到 6725 亿元，同比增长 24.2%，在互联网广告整体市场中占比持续提升，达到 87.7%；按网络广告投放的媒体类型划分，电商广告规模 3059 亿元，占比为 39.9%，占据龙头位置；短视频广告规模为 2211 亿元，占比 28.84%、同比增长率达 69.8%，增速为各类网络广告中最高。

传统广告媒体的市场份额持续萎缩，网络广告媒体中，电商取代了搜索引擎的龙头地位，同时短视频广告增速惊人，几年内有望成为新的龙头。

结合营销对象、营销目的，根据广告媒体市场份额的变化趋势，选择合适的营销媒体、主题及内容来覆盖目标受众。如表 2–25 所示：

表 2–25　营销媒体定位分析表

营销时间	营销对象	营销目的	营销主题	核心内容	媒体选择	呈现形式	尺寸 / 数量

不考虑暗箱交易因素，我们很难理解当初的诸多互联网巨头（成功融资后）把数以亿计的广告费“砸”在了电视广告而不是网络广告，包括拉手网等团购平台、赶集网、智联招聘、瓜子二手车……这个名单很长。如果广告是为了引流，那无疑选错了媒体；如果是品牌宣传，也并不明智，因为网络青年们看电视的越来越少。因此，应重视每一个营销主题、媒体和营销对象的定位，否则，广告费就会被白白地浪费。

当商业模式和营销规划完成并成功实施后，两者之间将建立有机的联系，如图 2–11 所示。

产品 / 技术解决用户的应用痛点，为用户带来价值的同时，使用户产生黏性和重复购买，推动盈利模式的可持续运行；市场体系通过可复制的拓展方式不断扩张，营销系统的强大渗透力推动引流和市场体系拓展工作，通过用户的转化成交实现价值传递和盈利模式、商业模式的强化。

这样，营销系统和商业模式体系就相互促进、强化，进入良性循环状态。

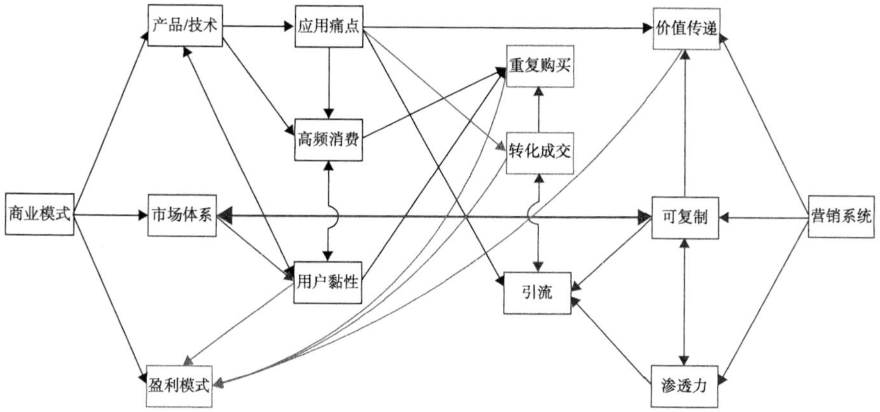

图 2-11　商业模式与营销系统示意图

2.3.4 战略规划反馈

从战略分析“4+1”一路走来，完成战略类型、商业模式和营销规划之后，是否就应该马上组织实施？

不要着急。

定性分析和定量分析可行之后，我们开始了战略规划流程。战略确定之后，市场细分、主要用户群细分，并对包括产品在内的商业模式和营销有了更清晰、明确的规划；细分、明确之后，意味着分析过程中所做的销售量、费用等估算可能需要重新调整，投资收益分析需要更新。即：

将规划、定位结果代入战略分析模型复盘，重新进行定性分析；并重新测算销售量、费用估算等相关数据，再进行一次定量分析，以确保准确、可行，这一过程我们称之为战略规划反馈。反馈过程的量化标准应与战略分析时保持一致。

如果调整后定性、定量分析的结果仍然可行，则可确认战略规划有效；否则，需要重新审视战略规划甚至战略分析过程，循环进行直到得到可行的结果；如果无法得到可行的结果，应检查重点问题所在；如果确认不可行，则流程就此终止。

因此，战略规划反馈可能产生两个结果：一是确认战略分析、战略规划的正确性；二是修正战略分析的结论，及时终止流程，避免盲目行动造成损失。宁可错过，避免做错。

2500多年前的孙武，以“五事七计”的分析模型“未战而知胜负”；今日之新战略，以“4+1”战略分析模型和“8+1”战略规划模型，未实施而知是否可行。

2.4 解码战略实施控制

战略实施，是将战略落地的过程，是从纸上谈兵到真枪实弹、攻城掠地的过程。

没有强大的实施能力，再准确的战略、再充分的分析都沦为空谈，战略目标的实现更无从谈起。我们重视战略分析、战略规划，更重视战略实施。按照一以贯之的方法，战略实施首先要做的仍然是分析、计划、准备工作，而不是直接行动。如此重视纸上谈兵的目的，是因为分析、计划、充分准备，防患于未然远比力挽狂澜更可控、付出的代价更小——“真正的高手不是出现问题后的力挽狂澜者，而是从一开始就避免隐患、让问题从不发生的人。”①

战略分析可以做到“未战而知胜负”，战略实施同样如此。将战略目标庖丁解牛般精确分解之后，配置资源按部就班，实施工作将会如水到渠成、没有悬念。

2.4.1 确定战略目标

既然是战略目标，一定是有挑战性的、不是跳一跳就可以够着的目标，否则就失去了战略意义。因此，战略目标一定要勾勒出迷人的愿景，能够振奋人心，激励大家为之努力奋斗。

---

① 于胜著：《股权最重要的事》，中国人民大学出版社2020年1月第1版，第3页。

这个目标，多数情况下是由决策层发起的，这样是否合理呢？应该用什么方法、遵循哪些原则才能保证目标的科学性呢？

（1）方法

❖ 自上而下

领导确定组织目标，然后传达给下级各职能部门，各部门以该目标为基础，分解、产生本部门以及各员工的年度、季度、月度等目标……

这种方法，我们是不是很熟悉？

但这种方法，有其局限性。领导居高临下，优势是掌握的信息面更广，但也有不够“接地气”的缺陷，有可能对竞争的实际状况了解不够透彻，导致所定的目标脱离实际。虽然确有牛人既高瞻远瞩，又能够洞悉前沿动态，足以自上而下确定准确的战略目标，但这样的人毕竟是少数。因此，自上而下并非一种理想的确定战略目标的方法。

【三国故事】张飞之死

《三国演义》中，张飞之死与下达主观的战备计划有很大的关系。

张飞为关羽报仇心切，“令军士尽执白旗……克日兴兵”。负责准备的两员末将范强、张达反馈“所有战船白旗白袍，一时无措，须得宽限方可”。张飞大怒，将范强、张达各鞭四十，命“来日俱要完备！若违吾令，即杀汝二人以示众军！”这个不可能完成的计划逼得范强、张达趁张飞酒醉后杀之以自保，张飞竟然就这样死在两个无名小辈的手中！

从关羽之死到张飞死前，期间有数月的时间，张飞每天沉浸在巨大的悲伤中，血湿衣襟。如果早点将报仇的目标分解并着手准备，就不至于在出发前强令手下去完成不可能完成的任务而招致杀身之祸。

因此，作为领导者和管理者，确定目标、制订和下达工作计划要讲究方法，切忌主观行事、以上压下。

❖ 自下而上

市场、技术等基层职能部门确定工作目标、逐级上报、汇总，形成组织目标。

这种方法，由一线部门制订目标，可能更接近实际，但同样有其局限性：基层部门可能因为考核、畏难以及信息不够全面等原因，制订的目标偏低。

不排除个别一线的牛人具有非凡的战略视野，给出的战略目标更加正确。例如，一代伟人毛泽东可谓战略大家。但在解放战争期间，粟裕与毛泽东领导的中央军委就淮海战役问题发生了讨论甚至争论，在粟裕的再三坚持下，中央军委最终同意并采纳了粟裕的意见，从而更快地解放了全中国。粟裕和淮海战役毕竟是个例，因此，自下而上同样不是一种理想的确定战略目标的方法。

❖ 上下结合

于是，很自然地就采取了中庸之道——上下结合。即：领导高瞻远瞩，确定一个目标 A；各部门结合实际，确定一个目标 B。

如果 A 与 B 相同或接近，那太理想了，可谓英雄所见略同；如果 A 与 B 相差较大，则上、下级需要坐下来讨论、分析，最终达成一个都能接受的战略目标 C。如图 2-12 所示：

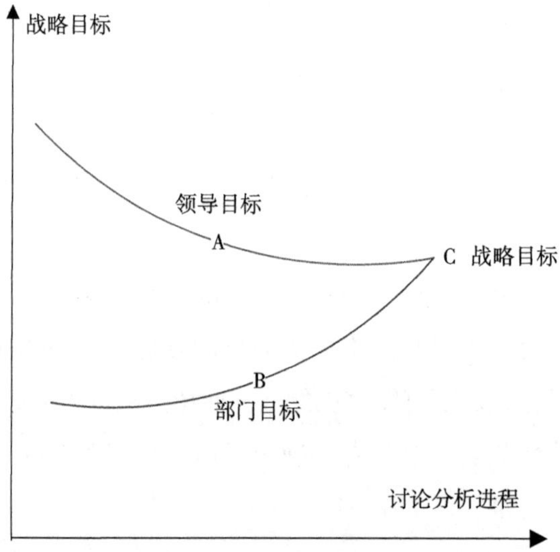

图 2-12　战略目标确定方法示意图

上下结合法确定战略目标相对科学，既能摒弃不切实际，又能避免逃避挑战，关键在于达成一致为实现目标奠定了良好基础——上下同欲者胜。

（2）原则

❖ 透明原则

上下结合确定战略目标的方法，意味着确定战略目标的工作原则是：保持相对透明，而不是完全保密。即：

◆ 职能部门了解整个组织的战略

任何战略目标都需要依靠职能部门的工作去实现。当职能部门不清楚上层的战略意图，就有可能对某些决策不满甚至产生抵触情绪，从而影响战略实施效率；反过来，如果各部门非常清楚整个战略规划，甚至参与到战略目标等的确定工作中，就会更好地理解战略并提高实施效率。这不意味着组织没有秘密、战略需要传达到每一个成员，但相对的透明将比完全保密更能增强组织凝聚力。

◆ 职能部门参与组织战略目标的制订

参与战略目标制订的过程，也是各职能部门思考实施计划的过程，有助于各部门尽早明确各自的中短期目标，并积极开始准备。主动参与和被动接受任务分派有很大的不同。

❖ 量化原则

战略目标可以相对较虚，例如：两年内成为行业领导者。尽管“两年内成为行业领导者”已经有量化指标了，但“领导者”到底意味着什么？是销售额第一？销售量（市场占有率）第一？是利润规模第一？是产品技术第一？不同的第一会导致实施过程出现偏差。追求销售量第一可能导致销售部门薄利多销；追求净利润第一可能导致销售部门加价保量；追求产品技术领先可能导致产品与市场需求脱节……

越清晰的目标越能激励我们正确地做事。因此，在愿景化的战略目标之下，还需要有更加明确、量化的小目标或阶段性成果。

2.4.2 优化团队和组织架构

确定了战略及目标之后，就要着手搭班子，优化、组建适合实施战略的团队。

（1）围绕战略确定组织架构

组织架构是对工作任务进行分工、协作的产物。

现代企业组织架构脱胎于西方政治体系。亨利·福特建立汽车生产流水线作业，启动了专业化分工和组织架构的变革浪潮。

❖ 原则

首先，一切实施工作，都应以战略、战略目标为核心。组织架构应围绕如何高效实施战略、实现战略目标设计、构建。如果项目只是大型组织中若干并行项目之一，或岗位与其他部门有重叠，则可以虚设部分职能部门或岗位，由其他人员兼职。通常情况下应尽可能避免这种状况，因为将降低实施效率。

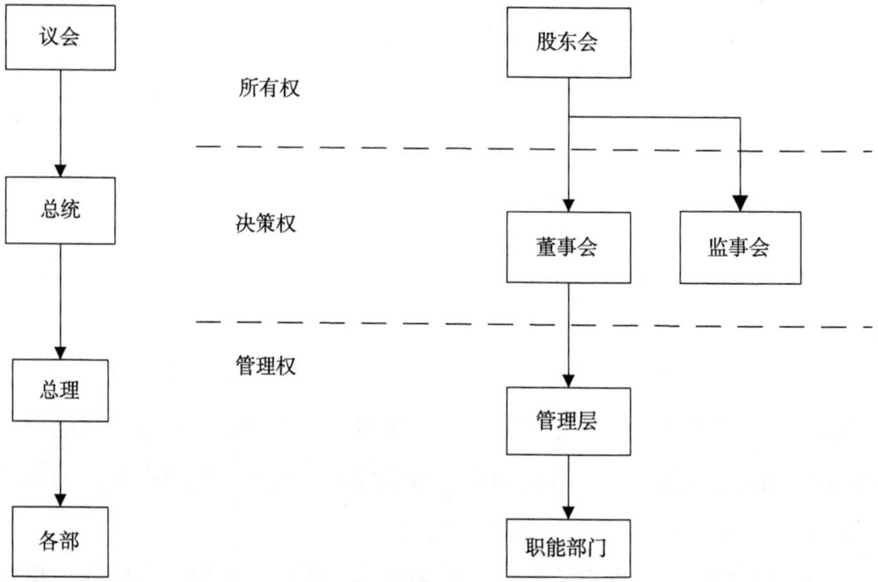

图 2-13 现代企业架构示意图

其次，追求简单、有效，避免复杂、臃肿。大道至简。架构设置应尽可能简化，岗位、人才同样遵循在精不在多的原则。即：组织架构尽可能扁平化，用人尽可能少而精。随着社保等日趋规范，企业的用工成本增加明显。这种情况下，少而精更显示出其优势。如果有人能以一抵二、给予其市场价 1.5 倍以上的薪水则能够极大地激励他的积极性，这样比雇用两个人节省得多，管理成本也大幅降低，何乐而不为呢？

（2）团队优化

❖ 必要条件

团队的意义在于，成员的合作使整个团队的效率大于单兵效率之和，即：1+1>2。技能互补、沟通及协作精神、有效的协调者是构成一个好的团队的必要条件。

技能互补更容易形成协作关系。单一技能的人组合在一起，可能有益于技术攻关类项目。除了技能上的互补，团队成员之间的沟通要保持顺畅，沟通能力和协作精神是保证团队精神的有力武器。

我们在实践中经常遇到的情况是：越是工作能力较强的人，在某些方面个性也较强，有时易钻牛角尖，因此，一个团队当中，最好至少有一个人能够起到协调作用，这个人能够包容部分成员在沟通方面的缺陷（如果有的话），通过个人的努力，维持整个团队协调运行。

❖ 得到关键人才

关键人才是战略启动实施甚至达成目标的重要保证。如果缺乏必要的人才或专业顾问，无论“挖人”还是请人，总之必须在此阶段解决。一将无能，累死三军；军师无能，覆军杀将。找到并请到关键人才、专业顾问是非常花费时间、精力和金钱的事，回首、复盘时却往往发现，当年认真找人、请人所花费的时间和代价超值。

❖ 招聘与解聘原则

招聘新人重质不重量。招聘过程的评测要加大对新人智力水平和技能的测试量和权重，为精简团队、提高效率奠定基础。本质上，人性差别不大。德才兼备当然好，如果必须有所取舍，则才在德先——激励到位、制度流程等监督到位，“德”的瑕疵可以被抑制，我们更需要的是用其“才”为组织高效地做贡献。新人加入团队，完成必要的培训后，要花时间考察其与团队融合的程度。

解聘要雷厉风行。当发现或者其他团队成员反馈某一成员不适合继续在团队工作时，领导者确认后应尽快做出解聘的决定。如果优柔寡断，会对团队其他成员造成严重影响，一个人可能会影响整个团队的士气以及业绩。领导有时会显示慈悲的一面，顾及他人的颜面或前途，再加上提前解除聘任合同涉及支付额外的劳动补偿，因而有可能采取拖的手段试图让员工主动辞职。这样拖下去会让其他成员感到不公平，进而使团队开始分裂，形成小的团体，团队应有的面貌和效率将遭受重挫，这种潜在的损失远比辞退补偿更大。因而裁人时要快速果断，慈悲可使用在裁人过程的沟通等处理细节上——裁人要雷厉风行，裁人手段要有温情。这样可以避免被裁员工的不满情绪引发不必要的纠纷。

❖ 团队领导者必备的条件

◆ 认同组织战略及目标

领导者认同组织战略及目标，理解组织愿景和使命，才能够在实施过程中带好队伍，做好必要的思想工作；与此同时，保持制度、资源、管理、流程等与战略和目标的一致，言行合一，更容易带好团队。

◆ 以身作则

行胜于言。领导者以身作则、围绕战略和目标行事，这就像一面镜子，会鞭策团队成员以其为典范；反之，如果不能以身作则，那么团队管理可想而知。

◆ 凝聚团队

凝聚力的源泉，除了及时的激励，很多时候还来自领导者的包容和大度。包容，意味着领导者可能需要承受委屈而不能针锋相对；大度，需要领导者和团队成员分享成就和利益而不能自己独占。如果“活儿是大家的，功劳是自己的”，团队的凝聚力无从谈起——无论战略目标多么伟大，获取利益是企业（股东）的终极目标，也是团队成员的重要目标。

2.4.3 制订实施计划

既然确定了战略、确定了核心竞争力，实施计划应围绕巩固和发挥核心竞争力进行。例如：

实施资源领先战略，应在利用资源、巩固资源、拓展资源的基础上制订实施计划，将资源优势转化为市场优势；

实施模式领先战略，应围绕模式优势制订实施计划，将模式落地、转化为市场优势；实施性价比领先战略，在分解目标以及后续细化实施计划过程中，应重视在提升产品力的同时，控制成本，否则可能失去性价比优势；实施连续博弈战略，应提前预判主要对手可能的市场反应，并结合实施计划做好随后的应对准备，否则，即使先发制人，也可能被对手后来居上……

（1）目标分解

目标分解的方法是把战略目标按部门、岗位和阶段划分为小目标，但并不是机械地分割，而应结合战略规划，站在发挥自己核心竞争力的高度上统筹考虑。

结合战略优势、战略目标、量化目标、组织架构等，将其转化成更明确的经营目标，并分解到年、季、月等时段以及各职能部门甚至每个岗位（阶段性成果和工作计划）（见图 2-14）。

决策层将协调、指导各部门，按照上下结合的方法和透明、量化的原则，将组织的战略目标变成各部门、岗位、阶段性的目标。

这些目标作为部门和岗位标志性的阶段成果，是他们最好的成长记录，也可作为绩效考核的参考。对于经理、部门负责人等岗位，除了业绩本身，还要在团队培训、协助下属等方面确定明确的要求，确保凝聚力和战斗力。

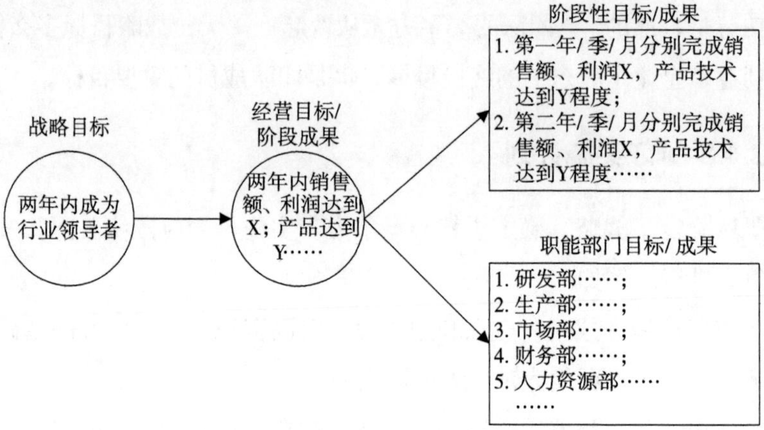

图 2–14　战略目标分解示意图

表 2–26 汇总了某公司研发中心各部门分解的 2020 年 2–4 季度目标。

表 2–26　研发中心各部门 2020 年 2–4 季度阶段成果 / 目标

主要工作内容（汇总精简版）		职能部门	阶段主要成果 / 目标	开始时间	达成时间
1 代终端升级	终端固件升级	硬件开发部、测试部	新固件交付使用，配合完成 13200 用户及 1800 台未售终端升级	2020/4/1	2020/4/15
	1 代终端及 PC 端软件升级	软件开发部、测试部	新软件交付使用，完成上述用户及终端升级	2020/4/1	2020/4/18
	1 代 PAD 端软件测试验收	软件开发部、测试部	PAD 软件优化完成，提交测试报告，交付使用	2020/4/1	2020/4/15
2 代终端升级	新增需求设计	硬件开发部、市场部	提交《2 代终端新增需求设计》并通过评审	2020/4/16	2020/4/30
	硬件功能升级、设计、研发	硬件开发部	提交 1 台样机和研发设计文档，配合完成测试	2020/4/16	2020/6/30
	2.0 版软件优化、测试、整机验收	软件开发部、测试部	根据新增需求设计，完成产品终测验收报告	2020/7/1	2020/7/15
3 代终端研发	3.0 版细分用户使用习惯研究	硬件开发部、市场部	输出《3 代个人用户研究报告》	2020/7/1	2020/7/31
	高端用户细化需求、技术预研	硬件开发部、市场部	确定《3 代个性设计功能模块》	2020/7/31	2020/8/8

续表

主要工作内容（汇总精简版）		职能部门	阶段主要成果 / 目标	开始时间	达成时间
	信号采集技术 / 芯片研究	硬件开发部	确定芯片或传感器型号、采购到样品测试	2020/7/15	2020/8/15
	信号传输技术研究	硬件开发部	确定传输模块型号、采购到样品测试	2020/7/15	2020/8/15
	3.0 个人版需求设计	硬件开发部	提交《3.0 版终端需求设计》并通过评审	2020/8/8	2020/8/15
	终端结构、开模形式确定	硬件开发部、设计部	提交设计图和外观参考渲染图供评审	2020/8/15	2020/8/21
	集成电路板设计、研发	硬件开发部	元器件集成、PCB 板制作、软件写入	2020/8/21	2020/10/31
	工业设计、开模、制作手板	设计部、合作商	完成工业设计、模具开发、手板制作打磨	2020/10/15	2020/12/10
	集成、测试、交付	硬件开发部、测试部	提交样机、设计和开发文档、测试报告	2020/12/10	2020/12/31

如表 2–26 所示，阶段性成果 / 目标要有清晰、可量化的衡量标准。

要确保的一个逻辑是：这些目标是组织战略目标的充分条件——小目标实现了，大的战略目标就能实现。即：

Σ（岗位小目标）≧部门小目标，Σ（部门小目标）≧组织阶段目标，Σ（组织阶段目标）≧组织战略目标；

Σ（战略实施期间所有岗位小目标）≧组织战略目标。

（2）细化实施计划

实施计划制定过程是将量化、阶段化的目标进一步细化的过程，仍然采取上、下结合的原则进行，各部门应尽可能使骨干人员都参与计划的制定；决策层协调那些涉及部门之间协作的工作计划，并在此基础上，会同财务部门、结合战略规划反馈阶段的定量分析数据等，制订资金使用计划。最终，形成以年度计划为纲，以季度、月度计划为目，以周计划和日计划为行事指南的详细实施计划。实施计划足够细致，才能精确划分工作任务，真正成为可以指导实施的纲领。否则，计划拖延的概率增加。

各职能部门内部员工之间以及部门之间会有不少并行或衔接开展的工作，应在计划中明确任务交叉的时间节点，确定完成的先后顺序，保证衔接顺畅，以免影响后续工作计划。

当所有计划都制订完毕后，高层管理者就要仔细研究这些计划，找出需要自己动手或帮助完成、协调或监督的工作，做好服务，为各部门计划的正常实施奠定基础。

在制订月/季度、周计划过程中，结合组织和部门的当前资源（人力、资金、设备设施等），以及部门之间的协同，计划表中应单独列出一栏"所需的额外支持"，这一栏中标明需要管理层或其他部门特别提供的支持等。当这些额外的支持不能按期到位时，可能会影响计划实施进度。高级管理人员应对计划中的这一栏目高度关注并努力提供相应的支持，帮助他们完成实施计划。

制订详细的实施计划的确需要花费一定的时间，但是计划制订后，能让每个人、每个部门很清楚每周、每月要取得怎样的成果，清楚每天要做什么、达成怎样的成果。

实施计划不是铁打不动的，相反，结合实施过程中遇到的实际问题及时复盘后，应该优化、调整实施计划，使其切实可行。

制订计划，按计划实施，并及时进行复盘修正、循环提高是一种好的工作习惯和方法，长期坚持必将有效提高工作效率。

2.4.4 制订激励计划

战略目标一定是有挑战性的，因此一定需要激励。

激励要达到预期效果，必须研究、满足激励对象的真实需求。

目标本身的精神激励作用可以短期提振团队信心，但往往不足以提供长期驱动力。按照马斯洛的需求层次理论①，处于中低需求层次的员工（数

---

① 人类的需求由低到高分为五个层次：生理需求、安全需求、社交需要、被尊重需要和自我实现。

量多），他们工作主要为了一日三餐、房租、房贷奔忙，物质奖励的激励作用是确定的；达到一定程度后，物质奖励的驱动效果或许没有想象的高，但是真正拳拳到肉的奖励仍然能够起到震撼效果，激励团队成员为之努力。

激励不都与物质有关，但完全没有物质激励是万万不行的。

（1）绩效奖励计划

绩效奖励计划是根据业绩、主要目标成果的达成情况确定的精神和物质奖励。对于实施部门以及细分的小团队，可以设定若干荣誉称号或头衔，绩效卓著者可以获得该称号或头衔以示激励；同时结合收益情况给予一定形式和数量的物质奖励（包括晋升）。这个奖励计划是额外的，例如，销售部门原本就有提成奖励，绩效卓著者在获得销售提成的基础上，享受额外的绩效奖励。

科学的绩效奖励计划无疑将起到有效的激励作用。

（2）股权激励计划

对处于中高需求层次的人才，头衔和职位比奖金有效，股权激励也比奖金有效。股权激励已成为当今中大规模企业不可忽视的有效的激励手段。

股权激励的方式、条件、计划的制订方法、实施流程以及范本等，笔者专著《股权最重要的事》[①] 书中有详细阐述，在此不再赘述。

战略目标、分解目标、实施计划、激励计划……一切的努力，都是为了让它们充满磁性，吸引和激发组织成员为之而努力奋斗。

2.4.5 战略实施

再好的战略、再好的实施计划，也需要落地。战略实施确保战略目标变成现实。逻辑上，战略实施分为三大过程：组织资本、人力、物力等必

---

① 于胜著：《股权最重要的事》，中国人民大学出版社 2020 年 1 月第 1 版。

要资源，落实计划并及时监督和控制。

如果实施部门以及其中的个人也使用战略思维分析、管理各自的工作，确定各自的战略，那么此时唯一应该选择的战略类型就是聚焦战略。在聚焦目标、计划的前提下，实施部门、个人应整合和组织一切可用的资源，通过各种模式和方法，用最高的性价比达成目标。

（1）配置、组织资源

计划制订时，通常以某些资源按期到位为假定前提，当这一前提未满足时，计划拖延就不可避免；而计划的有效实施，离不开资本、人员、技术、市场、上下游合作伙伴等资源的相互配合和支持。因此，实施前要提前准备、配置相关资源，为实施部门提供充分的支持。

❖ 资金

按照资金使用计划将资金提前落实、准备到位。

◆ 资金裕量

建议提前准备好计划所需至少半年（甚至更长时间）的资金，不能挤海绵式逐月投入。

一旦资金出现问题，有半年到一年的缓冲期，还存在融资或者借款成功的可能。否则，很可能因资金链断裂半途而废。

◆ 短期现金不建议投资高风险产品

企业账户上过多的现金可能与财务管理中高效使用资金的原则相背离，没有充分使资金流动起来增值。其中有一个权衡问题，前提是保证实施计划的正常开展。理论上，企业资金用于证券、期货等短期投机未尝不可，但是这可能会带来问题：尽管理论上证券和期货产品可以随时变现，但是需要现金时有可能正好遭遇账面浮动亏损，变现意味着亏损做实。因此，对于短期内要用到的资金，最好不要投资风险较大的证券和期货等产品，避免影响实施计划的正常进行。

❖ 人才

钱和人，是组织永远的痛。有时候，找人比找钱更难。

很多项目启动时，往往拥有了核心技术人才，但精益求精、产品化的技术人才欠缺也会带来不确定性风险。因为不是所有的技术人员都拥有精益求精的作风，相反，大量技术人员完成关键突破后如释重负，不愿意再花费更多的时间和精力用于技术含量低的细节的优化——可是好产品恰恰需要细节的不断优化才能趋于完美。这不需高精尖的技术，但需要更强烈的耐心、细心和责任感，是很多人所缺乏的。一项用于产品的技术，其研发过程所耗的精力和时间如果为 1 个单位，那么后期的细化、产品化过程所花费的精力和时间可能是 2–3 个单位！这意味着核心技术开发完成后，需要两到三倍的时间细化、优化后才能转变成产品！

市场方面同理。开始时，可能拥有了总监级别、市场资源丰富的人才，但市场毕竟需要“真刀真枪开疆拓土”，需要既具丰富经验又有锲而不舍精神的一线销售人员——总监可能热衷资源整合、团队培训，却未必愿意奔赴市场一线直面零散客户……

因此，确保各团队、而不仅仅是关键人物在正式实施前到位至关重要。

❖ 专利 / 技术 / 商标

专利、技术是无形资产，能够带来附加价值。唯一应引起重视的是，部分专利、技术离应用和产品化尚有距离，真正投入市场可能还需要大量的研发投入；而且随着技术的进步，专利、技术的领先周期越来越短，应客观对待。

提前申请或购买相关的商标、授权非常重要。避免出现做大后商标被抢注、授权被撤销或索要高价的不利情形。

知识产权保护越来越重要。一方面我们应加大保护自己的力度，另一方面我们也要防止侵犯对手的知识产权，避免王老吉凉茶式悲剧重演。

❖ 关系

关系领先战略作为一种细分的战略类型，无疑意味着关系在组织发展中的重要性。因此，在战略实施前，围绕战略目标，有必要整合一切资源，包括关系资源，助力实施。

拥有关系，利用关系；缺乏关系，整合关系；没有关系，拓展关系。

政府关系、合作伙伴关系、供应链关系、市场渠道关系、亲友关系等都将助力战略实施的顺利进行，关系也会为配置资源过程中资金、人才的到位提供有益的帮助。

（2）特殊情况处理

万事俱备的情况下启动实施水到渠成。可是，“万事俱备，只欠东风”甚至“万事未备，只有东风”的情况下，难道只能等待？

答案是肯定的。只是，等待并非什么都不做，而是积极准备，迎接转机。

如果发现了一种新的商业模式，计划用模式领先战略切入市场创业，有战略目标，但是没有团队、缺乏资金，如何开始？

这种情况下，先把寻找合伙人、融资作为战略目标分解的第一步。同时，自己可以制订产品研发计划，开始产品分析、设计以及研发等工作，完成整个系统的架构设计、数据库系统设计、定义系统的数据接口、设计app/小程序等的界面和数据流程、开发大数据分析管理系统，等等。作为创始人，准备阶段的工作越细致，实施时遇到的困难就越少，工作效率会越高。真正好的项目，在设计产品、研发产品、试用推广、商业模式逻辑验证的过程中，一定会有志同道合的伙伴加入。于是，可以开始讨论、设计股权架构，制订融资计划等工作……的确有少数互联网企业是从两三个核心人员开始起步的，随着产品研发完成，资金及团队等才逐步进入、完善。

市场驱动的行业同理。可以实施资源领先战略，在整合市场资源的同时，以合作发展模式将产品生产等外包，市场体系建立、积累了一定资金后再考虑建立自己的研发、生产团队甚至加工厂……

总之，等不到万事俱备时启动实施，有时是抓住机会的需要，有时则是无奈之举。这种情况下最大的风险，是实施过程进行到相当程度后，因为其他要素没有进展导致陷入停滞。归根结底还是准备工作不充分。

“兵马未动，粮草先行”，是出兵之“正”，必须倡导；“粮草未到，兵马先行”，是出兵之“奇”，尽管可以“因粮于敌”“大军掠于野”，一旦遇到坚壁清野则会陷于窘境，如同拿破仑遭遇滑铁卢之惨败。

因此，局部工作在准备不充分时先实施，作为一种特殊情况，可以参考，但并不鼓励。不打准备不充分之仗，是因为即使准备充分，有时还会遇到意外情况遭遇困境，更何况准备不充分！

随着市场和经济体系的日益完善，冒险赢得成功的机会越来越少；更多情况下，成功需要精心策划、充分准备、坚定实施而水到渠成。

（3）完善工作流程与制度

完善的工作流程是确保实施进程顺利的必要条件。完善的操作规程是生产部门安全、高效生产的保障；完整的数据流程是技术部门保证系统一致性、完整性的需要；完善的工作流程是服务部门提高客户满意度和忠诚度的有效保证，是行政、财务等管理部门保障人力、物力和资金正常运转的需要。一些重要的或者跨多个职能部门的工作流程本身甚至就构成企业管理制度的一部分，例如新人入职流程、解聘流程、差旅报销流程等。因此，梳理有关的流程，使之文字化、制度化，既有助于规范管理，也有助于提高效率。

工作流程的制定应本着简洁、高效、协作、制约的原则进行。每个流程在制定过程中，应邀请流程涉及的岗位人员参与讨论，确保流程的可操作性，尽可能避免陷于规范化但低效能的怪圈。简洁、高效不意味着失去控制，相反，重要的流程环节必须辅以协作和制约机制，避免某个人或某环节权限过大带来风险。

以下是一些工作流程示例。

❖ 某公司员工离职流程表（见表 2-27）

表 2-27 员工离职流程表

序号	项目	负责部门	验收 / 经办人签字
1	归还领用设备	人力资源部	
2	归还领用的有价值用品		
3	归还借款（如有）	财务部	
4	签订保密承诺书、离职声明	人力资源部	
5	工作交接	用人部门	
	工作接受人确认	用人部门	
6	部门经理签字	用人部门	
7	人力资源部、主管副总或总监签字	人力资源部、管理层	
8	开具离职证明	人力资源部	
9	办理社保移出、领取离职补偿等	财务部	

离职流程主要控制工作的正常交接、财和物的归还及离职文件的签署。

❖ 某公司差旅报销流程（见图 2-15）

差旅报销流程主要使差旅员工自觉遵守相关制度，在票据、费用支出等方面实现自我管控，并通过多重签字机制避免财务风险。

❖ 某软件公司网站开发流程（见图 2-16）

网站开发流程的主要作用有：各部门对策划、设计工作认可之后启动开发工作，避免开发过程的返工浪费问题；独立测试人员的工作有助于发现工程师自测不彻底的问题；通过工作流程明确界定各部门之间的协作问题。

❖ 印章管理制度（见图 2-17）

按照我国的法律规定，一份盖有公司公章或合同章的文件，无论文件中是否有法人或管理者的签字，都是具有法律效力的；另外，财务章和法人章还直接关系到资金管理问题。因此，如果印章管理不到位，潜在的风险巨大。

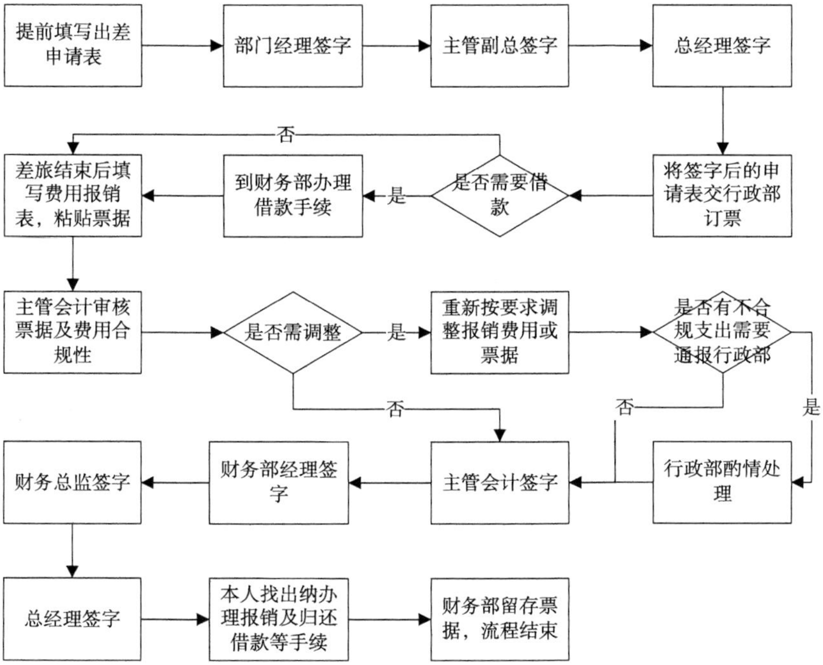

图 2-15　差旅报销流程示意图

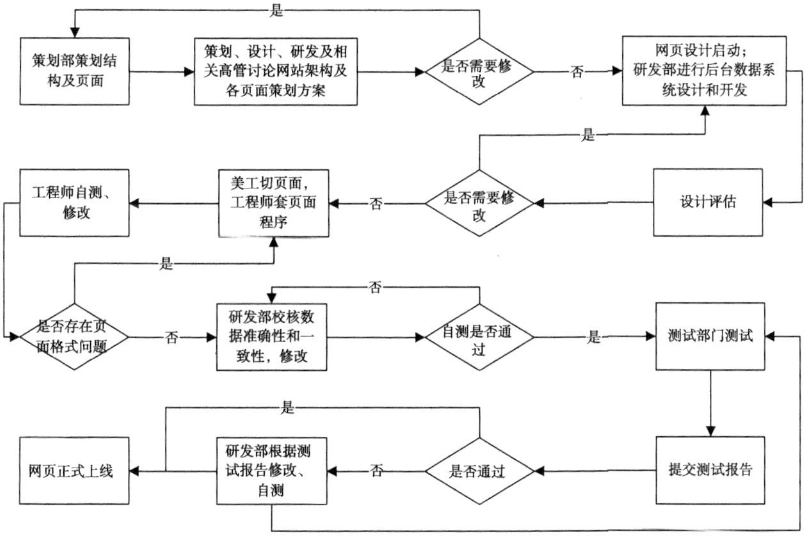

图 2-16　网站开发流程示意图

某公司印章管理制度

为保证公司健康、稳定地发展，避免管理风险，特制订本制度。

本制度自2021年1月18日起施行，在施行过程中根据实际情况不断完善。

1.公司建立专用的印章使用登记本，一切涉及使用相关印章的合同、文件、票据等，均需在印章使用登记本中登记、总经理批准后方可加盖公章；否则，由此引致的一切后果或责任由盖章人承担。

2.所有需要加盖印章的合同、文件、票据等，当次申请、当次盖章，不得一次加盖多张备用。

3.印章原则上禁止带出公司使用，如因特殊需要，必须经总经理批准，由专人携带前往，用后立即带回。

4.印章一律不得用于空白介绍信、空白纸张、空白票据等。如遇特殊情况，必须经总经理同意。

5.公司的公章、合同章、财务章、法人名章分人管理，相互牵制。原则上，公章、合同章由人力资源部指定专人负责管理，财务章由财务部经理负责管理，人名章由本人负责管理。

公司前期因处于发展过程中，公司的部门、人员等尚不健全，公章、合同章、人名章暂由总经理负责管理。为避免出现总经理任意盖章、难以控制的问题，公章、合同章、财务章应保存在保险柜的内抽屉中（所有内抽屉钥匙由总经理保管、保险柜外门所有钥匙和密码由财务部控制），或者设置专门的保险柜管理分置的票据及印章，该专用保险柜需两人以上同时提供钥匙或密码方能打开。

6.无论采取何种保存方式，印章在不使用期间，印章保管人需将印章保存在保险柜、带锁的文件橱中，并保证只有自己能控制该公章，否则由此产生的责任由印章保管人承担。盖章时，印章保管人应进行监督，确保自己在印章使用过程中对印章的控制，避免一次申请、多次盖章的问题出现。

7.印章管理人员离职前必须配合交割相关钥匙或印章，否则不予办理离职手续。

图 2–17　印章管理制度示意图

该印章管理制度通过多人之间的相互牵制，既避免外聘总经理大权独揽的风险，又避免财务部门独立控制资金命脉的问题。在运行过程中，会给印章管理者带来一定的工作量，有时甚至感觉比较麻烦，但是这将有效避免潜在的管理风险，是值得的。

一些家族企业在初创阶段，都是家族中的人担任关键岗位的职务。初创阶段由于发展目标单一、可分配利益有限，大家往往能够团结一致；规模较大后，如果利益分配方面出现分歧，控制不到位，反而更容易出现重大问题。

❖ 财务管理

规范的财务管理有助于防范、发现隐患，保障企业资产、资金的运行，为资本运作奠定良好基础。

首先，制订、完善带有内部制约和控制机制的财务制度。在财务相关制约机制的设计上，应该遵循一些基本原则：财务章、法人章与空白票据、网银或U盾密码等分别由专人管理，而不是集中到一个人手中；会计与出纳不得兼任；记账与审核不得兼任；原材料、生产设备、固定资产等的选型与采购分别由不同的人负责。在这些基本原则的基础上，应制定更加细致的采购管理、现金收付管理、库存管理、固定资产管理、票据管理、凭证管理等制度，规避内部财务风险，使企业的财、物管理井然有序，企业可以集中精力参与市场竞争。

其次，制定资金运作管理制度。资金运作管理制度主要为了规避或减少外部风险，增强企业的赢利能力。企业应该就应收账款的管理详加规定，应收账款如果长期不能收回，就会形成坏账损失。因此，在涉及较大金额的交易时，应建立交易对方的调查机制，防止商业欺诈、资信能力等方面的陷阱。如果涉及进出口，企业还应设法防范外汇风险。一方面汇率的波动将影响企业的赢利能力，另一方面交易对方仍然存在支付能力的风险。企业如果自有资金比较多，涉及投资问题。在保证不影响企业运营、资金升值的期望下，企业应该规避风险较大的证券等投资，尽可能选择短期内可迅速变现的货币基金、短期理财产品等相对固定收益的产品。条件具备时，企业应该利用资本工具，结合经营中的原材料价格波动、产品价格波动风险，制定财务上的应对办法。

❖ 人力资源管理

由于各类组织甚至组织内部各部门的类型和工作性质差异，适用的人力资源管理制度也不尽相同，例如：生产性企业要求员工必须按时上下班、倒班，研发性机构则可能倡导相对的工作弹性，销售部门则希望在工作时间上的自主性，等等。无论如何，应该建立基本的管理制度，保证组织的日常风气健康向上。

人力资源管理制度应结合具体情况，规定人员招聘、试用、考勤、绩效、请假、休假、奖励、惩罚、离职、解聘、辞退等各个方面，保证日常工作顺利进行。

❖ 生产管理

涉及产品生产的企业，应制定详细的安全生产规程和质量管理制度。

安全生产和质检规程往往是经验、教训的凝结。操作久了可能会令人麻痹、疏忽，进而松懈，导致安全或质量事故的发生。因此，必须将安全生产和精益生产的教育和检查落实到制度层面，让工人建立严格按规程操作的习惯，确保安全生产和质量管理体系正常运转，避免隐患。

❖ 代码管理

对于软件相关行业，则应加强对源代码的管理，因为源代码就是企业的核心竞争力。企业应就文档、代码编写、注释、版本、测试、质量、归档等制定详细的规范，尽量避免先写代码后补文档和注释等情况的出现。一方面因为人都有惰性，如果初期不做规范性要求，后期的校正过程存在较大困难，坏的习惯一旦养成，再想纳入规范化会很艰难；另一方面，大部分技术人员本身就存在着不喜欢写详细文档的缺点，如果初期放任，后期即使补写，也只会草草应付了事，这对于后续接手者的工作交接、升级等都将造成不便。

除了规范化，代码管理要特别注重版本管理和归档备份管理。良好的版本管理会避免出现这样的问题：升级到新版本后，代码更新不彻底导致老版本中的问题重新出现。而良好的备份归档机制确保归档设备损坏后，仍然有备份可用。

❖ 销售渠道管理

目前，线下市场体系拓展模式主要有三种：自建销售子公司或分公司、加盟商、代理或经销商。这三种模式，企业对销售渠道的掌控力度依次减弱。

如果管理跟不上，销售体系最容易失控。无论采取哪种模式，初期就要加强销售管理，尤其是客户数据的管理。在实施过程中，再根据陆续暴露出或潜在的问题逐步形成完善的市场管理制度，防止市场体系失控风险以及各分支机构之间的恶性或跨区域竞争。

（4）实施、监督与控制

❖ 及时跟进

挑战性的战略目标和实施计划，在开始实施后遇到挑战很自然。

挑战分两种极端情况：一是意想不到的增长；二是没预计到的困难。

意想不到的增长意味着战略规划正确，但实施计划保守了，因而迎来快速的发展和扩张，实施计划等需要临时、大幅度调整。应当重视的是，对管理风险而言，增长可能并不解决问题，却能掩盖问题。“饿死”的企业很多，“撑死”的也不少，在管理不规范或不到位的情况下大举扩张，往往会导致严重问题，甚至引发资金链断裂，应引起警惕。

没预计到的困难意味着战略实施不顺利。不顺利是结果，原因是什么呢？由于涉及的因素和环节较多，原因可能比较复杂，需要评估部门或管理者甄别。为什么不是负责实施的职能部门去找原因呢？职能部门的任务是实施，是想尽办法、整合资源加快实施效率、实现突破，而不是去找原因、找借口。

因此，在计划开始实施后，评估部门、管理者每天应该及时了解、跟进各部门或部门内各成员的计划执行情况，对于未按预定计划完成相关任务的部门或个人，应该了解清楚原因，管理者在必要时可予以支持。

应重视的是，工作中经常有人把当天解决不了的问题以一句“明天再说吧”延期到了第二天，久之拖延的习惯就养成了。对于习惯拖延的下属，管理者应该找时间跟进几次，逼迫他们改掉这个坏习惯。因为现在大部分情况下是团队协作，一个人拖延会影响整个团队的业绩。管理者积极跟进会给下属传递一种信号：他很在意按期完成实施计划。

❖ 重要节点控制

我们倡导充分授权，但是，授权不等于放任。通常，管理者将权限授予下属，应该充分信任他，不宜在计划实施过程中干扰他。但是，一些关键的节点，或者下属尚没有熟练掌握的节点，尤其那些涉及其他部门的协作甚至可能影响整个战略目标的关键节点，管理者有必要甚至有义务及时地跟进、了解实施情况，必要时给予额外的支持，以保证顺利进行，避免影响整体进度。

【案例】中国体育彩票省级系统安装、销售实施计划

1998 年 -2001 年，我曾经负责制订和领导执行中国体育彩票系统在部分省份安装、培训、调试、运营的计划。将机房建设规范、电视台摇奖流程及要求等提前下发各省份进行准备、验收，验收合格后，再将系统安装实施计划下发给省中心。该计划自国家中心项目组抵达省中心开始启动，历时 15 天 -21 天（每一天的工作内容均细化到位）。由于当时电脑在国内还不普及，电脑彩票更是新生事物，涉及集中各城市数百个操作员进行终端机操作和彩票业务培训等大规模的培训组织工作。安装计划实施过程中，由于各重要节点跟进及时，曾经先后及时发现并协调解决了北京市机房地线不达标（电阻过大影响拨号网络数据传输稳定）、安徽省电视台体彩摇奖栏目增设、吉林省空白彩票迟到等重大问题，确保 20 余次新建和扩建工作全部按预定实施计划完成。

该实施计划（简要版）及关键节点（灰色）如表 2-28 所示。

计划表中，所有省份在正式启动计划之前，需要对第 1 项之准备工作逐项确认，并经国家中心项目组验收通过后才能批准实施计划，这是保证计划正常实施的第 1 个关键节点；第 4 步的培训场地准备工作也算一个可能影响安装进度的关键节点，由于涉及第二天及后续几天每天数百个销售网点报到、参加培训并在培训结束后领取设备，需要在场地准备、设备安装、设备发放等各个环节精心安排，否则就会影响次日的进度；第 11 步中的第 18 天销售结束到摇奖之前的这段时间是保证数据完整性的关键节点；第 13 步虽然不起眼，但是如果公证部门将摇奖号码抄错并送交技术部，引起的后果是很严重的——上海市体彩就发生过一起这样的事件，最终的处理结果是两组号码均视为中奖，上海市体彩承担数以百万元计的损

表 2-28 中国体育彩票省级系统安装、调试实施计划

序号	主要工作内容	第 1 天	第 2 天	第 3–5 天	第 6–11 天	第 12–18 天	第 19 天
1	省中心确认前期准备工作全部就绪，包括：数据机房及技术人员、电视台开奖节目时间落实、摇奖机及球具、公证机构、彩票销售员和销售点场地、电话线路确认及合同签订、结算银行收付业务和数据接口确认、统一终端机设备采购、统一终端桌、灯箱、宣传品制作完毕、统一的空白彩票运抵各市分中心、省中心服务器和网络设备的硬件安装完成、各媒体广告预约到位						
2	各市中心通知本市销售点业主及销售员分批到市体育馆领取彩票终端机并参加彩票业务和操作集中培训						
3	国家中心电脑彩票项目组抵达省中心，安装省中心数据库及软件系统、调试网络设备，与国家中心联调成功						
4	项目组、省中心分派专人到各市中心指导、组织准备培训场地，安装终端机销售软件						
5	业主和销售员分批到市体育馆领取设备和空白彩票纸及宣传品、参加培训并练习操作、模拟售票练习						
6	省中心技术人员管理和操作培训、摇奖机检验试用						

续表

序号	主要工作内容	第 1 天	第 2 天	第 3–5 天	第 6–11 天	第 12–18 天	第 19 天
7	第一期模拟销售、上传数据、摇奖、公证、开奖、兑奖等全业务流程练习						
8	第二期模拟销售、上传数据、摇奖、公证、开奖、兑奖等全业务流程练习，纠正第一期模拟过程中暴露的问题						
9	在电视台、报纸等媒体针对正式上市销售的宣传工作陆续启动						
10	第一期电脑彩票正式开始销售						
11	最后一天销售时间截止后，督促各网点上传销售数据，保证所有销售数据参加摇奖，否则需要公证做无效票处理						
12	数据收集完整或部分做无效票处理后，开始正式摇奖，公证部门现场公证						
13	省中心技术人员按公证部门提交的摇奖号码进行开奖操作						
14	将中奖彩票数据下发，供销售点兑奖						
15	开始下一期销售……						

失[①]。这一事件导致我们后来更新了第 13 步的内容：摇奖号码由技术人员与公证人员分别记录，当公证部门送交摇奖号码到技术部时，技术人员比对该号码与自己记录的结果，一致后方允许进入开奖流程。

在北京市实施该计划期间，第 6 天网点操作员练习上传数据过程中，反馈拨号网络不稳定问题。经仔细查找问题原因，确定是机房接地线铺设不合规导致接地电阻过大，影响网络设备的稳定工作。当天下午组织深挖、更换更粗的接地线后，接地电阻降到符合要求的标准。此后两天测试上传数据一切正常，确保了系统按计划正式开通、销售。

❖ 公开计划进展

相比封闭和保密，公开和透明往往具有更大的力量。相对透明的进展情况有利于组织成员以及职能部门之间掌握彼此的进度，并能起到鞭策作用，激励更多的人为创造更好的业绩而努力。

❖ 加强复盘、分享和培训

及时复盘，是一个好习惯。作为个体，应该在每天下班前复盘自己一天的工作，总结其中的成功经验、发现其中的不足；作为部门领导，应对本部门每天、每周……的工作及时复盘、总结。复制成功、补足短板，周而复始，执行效率必将提升。

此外，围绕计划进度，重视邀请绩效领先的人分享经验，一方面可以让他们产生荣誉感，另一方面可以对其他成员有所启发、提高效率——相比自己体会、开悟，有效的学习是最快的进步捷径。

必要时，还应总结实施过程中的经验、教训，编写成教材，积极开展培训，帮助其他成员快速提高实施效率。

实施→复盘→分享→总结→培训→复制→实施的循环和习惯，将大幅提升个人和组织效率。

---

① 于胜著：《股权最重要的事》，中国人民大学出版社 2020 年 1 月第 1 版，第 251–252 页。

（5）实施问题反馈

如果战略实施过程不顺利，不能够按期完成原计划时，实施部门应该及时反馈过程中遇到的问题。导致实施不顺利的结果有可能是因为执行能力欠佳、资源配置不足、计划制订不科学，等等。实施部门有义务及时反馈问题，但不能纠结原因，避免扯皮和推诿责任，而应着力做好自己份内的事——提高实施效率、提高单兵效率。实施部门反馈的问题将为战略评估工作提供有意义的参考。

2.5 解码战略评估方法

我们根据组织所处的内、外部条件分析、规划了战略和实施计划。即：内、外部条件是战略成立、计划顺利实施的充分条件。而内、外部条件又是动态变化的，这些变化会直接影响战略实施效果。当条件的变化偏正向，将推动战略实施的顺利进行；反之，则会影响战略的正常实施。

因此，战略评估除了评估实施效率，很重要的工作是监测、评估宏观环境、行业发展、竞争对手以及组织内部资金或核心人才等条件是否有突发的或大的变化，并分析、评估相关的变化对战略的影响，评估战略实施计划的可行性，甚至评估战略、战略目标定位的可行性，必要时调整战略实施计划甚至重新开始战略分析和规划流程。

2.5.1 概述

实施工作启动后，战略评估工作随后启动，及时跟进实施计划进展情况以及内外部环境因素的变化，必要时反馈实施中的问题，甚至根据评估状况做出更大规模的战略调整。

实际上，广义的战略评估工作在战略分析过程中就已经启动。分析结果的产生过程就是一个评估的过程；战略规划后的反馈分析，也是典型的评估工作。这些量化的分析评估工作，旨在提前判定战略的可行性。因此，这个阶段的战略评估工作属于事前评估，由于战略实施过程还没有启动，如果发现不可行及时终止，损失很有限。

一旦进入战略实施环节，意味着组织在战略上的投入开始增加。在实施过程中进行的战略评估工作就属于事中评估甚至事后评估。如果评估部门或管理者能够及时地跟进，在评估过程中尽早发现实施问题甚至战略规划问题并及时反馈、调整，损失也将降低到较低的程度；否则，可能会遭受更大损失。

一个战略管理系统的建立，既不能在战略规划、实施计划制定完成后就洋洋自得，更不能在计划投入实施后就放任不管，而应在战略的全过程都及时跟进、评估，必要时根据评估结果反馈、调整、纠错，将企业潜在的战略损失降到最低，持续保持战略的正确性和领先优势。

战略评估是战略管理系统动态性的具体体现，是战略管理体系的重要组成部分，其工作内容包括制定评估标准、衡量实施效果、监测内外部因素变化、给出评估意见；工作过程围绕“一个核心、两个基本点”展开：一个核心是指评估标准，是评估工作的标尺；两个基本点指影响战略实施的内部和外部条件（或因素）。

2.5.2 评估标准

（1）战略分析资料

战略分析过程中，“4+1”模型涉及了大量的信息、图表、数据等，这些资料是后续战略及其目标定位、实施计划的“因”，是充分条件。即：因为这些资料，才导致了战略的形成、实施计划的产生。

假设在实施过程中，发现某些信息或数据有偏差或者相比战略分析时出现变化，再代入该模型，是否还能推导出当前的战略及目标呢？

因此，运用“4+1”模型分析生成的资料，不是战略分析结束后就束之高阁了，相反，它们将成为评估部门和管理者的重要参考资料：战略评估的有效前提是保持衡量标准的一致性。

（2）战略目标、分解目标、实施计划

战略目标、分解目标、实施计划是战略与组织自身资源、内外部条件等平衡的结果。它们一经确定，既是战略实施部门的行动纲领，也是战略评估部门和管理者的首要评估标准。

如前所述，分解目标和实施计划尽可能地明确、量化，为战略评估工作的高效开展奠定基础。量化的指标非常直观，各部门、岗位计划的完成情况可以一目了然。但是在实施过程中，应注意评估其是否存在副作用：

❖ 某些部门、岗位有可能为了自己的利益最大化，刻意操纵指标，甚至牺牲组织的整体利益。

❖ 部门之间、部门内部各岗位之间，是否合作受损甚至引发博弈、矛盾。

❖ 是否存在为了数量降低质量的问题，或者为了追求质量，在单一流程或客户浪费过多时间、物力等问题。数量指标可以从明确的实施计划中获取，质量标准则基于各部门甚至各工作岗位的验收标准。

因此，必要情况下，各部门的质量验收标准（包括技术部门的研发需求、设计报告等）也将纳入战略评估标准，以加强对实施结果的监督和控制。

（3）行业参照标准

战略分析资料和战略目标、分解目标、实施计划等相对而言主要是组织内部的标准。这些标准的形成有其合理性，但是否具有竞争力则需要参照行业内对手的相关数据。从公开数据来源上，至少行业内上市公司的公开信息（包括年报、季报等）可以提供相当的参照标准，例如财务比率（毛利润率、净利润率、周转率、资产负债率）、研发效率、单兵效率（平均每人的产出）、市场部门单兵效率等。这些标准像一面镜子，可以映射出组织效率是否达到或超过对手的水平，为实施计划及其效率评估提供参考。

2.5.3 评估实施准备工作

实施计划（包括各职能部门及岗位阶段性工作计划）、资源配置及资金使用计划等确定后，在实施过程正式启动前，评估部门可以简要评估准备工作。如果准备工作不充分，很快就会在实施中暴露出问题。

科学的态度是按照客观规律行事，即计划严密、准备充分后启动实施。然而在实际运营过程中，为了赶进度，有时会抱有侥幸心理，在准备工作没有完全到位的情况下，提前开展实施工作。

很多管理者认为：做事情不能等万事俱备以后再行动，那样很容易错失战机，该冒险时就要冒险，等准备好了再行动可能为时过晚……这样的观点至少有三点值得商榷：一、稍纵即逝的机会是小概率事件，我们不能使用应对小概率事件的方法来解决日常经营中经常要面对的问题；二、俗话说：“机会是留给有准备的人的”，机会来了，如果没有充分的准备，依然无法取得预期的成功；三、抓住机会的行为是闪电般快速完成了战略分析、规划过程，后续依然要遵循目标分解、计划制订、充分准备之后贯彻实施的过程。正确的方法是：准备充分以后进行“闪电战”，而不是未准备充分就贸然行动。那样，打不出“闪电战”。

新战略管理系统中，存在大量的分析和准备工作，倡导“磨刀不误砍柴工”的精神，尽可能避免打无准备之仗。评估部门若发现准备工作存在重大隐患，应及时向管理者反馈，避免对实施工作造成恶劣影响。

（1）评估实施计划本身的科学性

分解战略目标、制订科学合理的实施计划是艺术，也是技术。实施计划如果过于主观，不具备可实施性，则失去了意义。

在战略分解、计划制订过程中，我们采用上下结合的方法，听取各部门以及业务骨干人员的意见，能够更好地保证实施计划的可行性。

在计划实施前，应结合组织的资源配置等客观地评估实施计划，避免盲目实施。

【案例】居里夫人的求学计划

居里夫人（原名玛丽·斯可罗多夫斯卡，以下简称“玛丽”）在1903年（36岁）获得诺贝尔物理学奖、1911年获得诺贝尔化学奖，是历史上第一位两次获得诺贝尔奖的科学家。

玛丽出生在波兰，后因母亲早亡、父亲一人工作而导致家境艰难。尽管姐姐和她先后以优异的成绩从中学毕业，但是当时波兰的大学不招收女学生，上大学只能出国，而这需要一笔数目不小的资金。

在玛丽的建议下，姐妹二人制订了法国求学计划：先由玛丽在波兰打工赚钱，供给姐姐在巴黎上大学的学费和生活费；姐姐大学毕业工作后，再用工资帮助玛丽完成学业。

就这样，玛丽17岁时就当了家庭教师，所得收入几乎全部用来资助姐姐；5年后姐姐毕业，用工作收入资助玛丽读完大学……

姐妹二人成功地实施了求学计划，都实现了在法国上大学的战略目标，改变了人生轨迹。

科学的实施计划有赖于客观、细致的分析工作。玛丽和姐姐的求学计划，有赖于二人工作的收入足以负担大学学费，否则计划实施过程中就会遇到问题，需要临时措施应急。

如果评估中发现实施计划存在问题，一定是某些分析工作不够细致甚至出现差错。此时，首先要做的是及时沟通、反馈，以便相关部门及时调整计划，避免在启动实施工作后陷入被动。

（2）评估资源配置

在配置、组织资源过程中，如果部分资源难以按期就绪，如团队欠缺、资金不足、关键设备延迟等，都会直接影响战略实施效率。采取资源领先战略时尤其应重视并确保资源及时到位。

有时，关键的外部资源欠缺会严重影响实施计划——外部资源与内部资源相比，具有可控度低的特点，因此更应该提前落实所需的外部资源。当实施节点临近而所需的外部资源仍然无法到位，是我们最不希望出现的情形。此时，往往需要动用更多的资源才能弥补前期准备不充分造成的被动局面，否则，只能延期实施计划。

2.5.4 实施过程评估

如果实施计划足够细致，资源配置、准备就绪，战略实施真的就是一个计划落地的过程，完成计划可谓水到渠成。然而，不是所有的计划都足够细致，不是一切资源都能够准时配置到位，因此很多计划在实施过程中会出现偏差，需要战略评估部门做出及时、有效的评估，为下一步工作的顺利开展提供有益的反馈意见。

（1）评估实施效果

❖ 衡量计划完成情况

衡量一个足够细致、量化计划的实施情况是容易的，尽管牵涉大量的汇总甚至沟通工作。在相关计划表格增加一列内容“实际完成情况”，可以清晰地汇总各个部门、岗位在每个阶段（年、季、月、周、天）实施结果，是否完成计划一目了然。当实际完成情况与计划差距较大时，无论大幅度超出或落后，复杂的工作就开始了：评估部门需要分析、确定其中的原因及其影响。

❖ 分析原因和影响

无论结果如何，都要分析相关的原因，做到“知其然，知其所以然”。

超额完成某阶段计划当然可喜可贺，但还是应该弄清楚主要原因：是市场人员付出了额外努力？是产品特别受欢迎？是促销降价或其他营销活动导致？是市场真实需求增加？是短期影响或长期起作用……如果是短期行为，意味着并非市场长期需求，因而就未必能支撑组织的大规模扩张举措。

如果计划没有完成，更应该深入分析原因。是产品存在质量问题？是定价过高？是培训不够？是市场人员不够努力？是团队人数不够？是营销支持不够？是竞品更高一筹？是受突发政策影响？是短期因素还是长期影响？评估部门应在充分听取当事者意见的前提下做出自己的独立分析和判断。如果主要原因是组织内部因素（如资源配置不足、培训不够、员工不够努力或能力欠缺、营销不足等），管理者收到反馈后应针对性采取相关强化措施，提高下一阶段实施效率，争取在下一阶段补足前面未完成的计划量。如果计划实施不力是外部因素导致的，那就应该格外重视了。

因为战略评估的另外一个重要目的是监测战略分析、规划过程中的“4+1”“8+1”模型涉及的内外部因素是否发生了重大变化，以及这些变化是否足以改变战略规划的准确性。变化的因素量化后，可以“代入”上述模型重新计算、分析，如果最初的战略规划受到影响，甚至需要暂停实施、重新定位战略。

理论上，“4+1”模型在相当大程度上可以避免常规风险因素带来的冲击，因为在量化分析过程中已经将相关风险发生的概率、引发的潜在损失等计入了分析模型。但在我国，涉及行政许可的行业众多，其中有不少行业是典型的高政策风险行业。如果计划实施期间发生政策性风险，国家或行业政策发生突然变化，无疑有可能严重影响计划的实施。例如 2021 年 7 月发布的教培行业整顿、互联网企业海外上市安全审查等政策，都对企业的实施计划造成重大打击，甚至使原有计划无法再实施下去。这意味着原有的战略分析、战略规划赖以成立的基础发生了根本性动摇，需要推倒重来。这是我们都不愿意遇到的情况。

（2）评估投入产出效率

一方面，评估部门应把实施过程中的实际数据，重新代入量化分析模型进行可行性分析；另一方面，还应关注研发、市场、营销等部门投入和产出情况，勇于叫停效果欠佳的投入（如媒体广告投放）。

理论上，要保证投入产出循环一定时期内可持续，应满足以下条件：

收入≧投入（S ≧ I）或增加的收入≧增加的投入（ΔS ≧ ΔI）。

即：不考虑摊销成本的情况下，投入、产出达到动态平衡。

例如，在某媒体投入100万元广告引流，新增客户的消费金额（并非利润）达到或超过100万元则营销计划可继续滚动实施——将新增客户的销售收入再投入广告引流；或者每月1万元薪资+社保成本的销售员当月销售1万元产品都达到了动态平衡。

保持这种动态平衡而没有盈利，短期内可持续、长期则不可持续。边际效应递减规律决定了任何模式久之也会失效（包括原本有效的广告投放）。即：把新增销售收入全部再投入同样的媒体广告，效果会越来越差；到最后可能只见投入、没有产出。

通常只是在抢占市场份额或特别促销时，会采用这种以亏损换市场的打法，没有强大的资本实力或融资能力支撑是不可持续的。见效需要时间，实施计划通常会考虑滞后因素，前期的亏损在意料范围之内；但渐入佳境以后，应该跟进评估投入产出效率。

评估部门对投入产出效率的及时评估，可以评价某项投入、某个部门甚至整个组织的实施计划的可持续性。

2.5.5 监测、评估内外部条件变化

（1）内部条件

“4+1”模型中的“自我分析”，汇总的各项因素的详细信息、数据等就构成了组织的内部条件。

当实施计划启动后，组织的状态发生了变化，这些内部条件也会发生变化。分析时预计的情况可能与实际情况有出入，极端恶劣的情况下，原有的优势可能不复存在，劣势可能会放大。

监测、评估内部条件的变化对战略、战略规划和战略实施都非常重要。设想一下：

我们采取资源领先战略，但是实施过程中却发现自己拥有的资源并无

优势，或者资源变得不可靠等；我们采取模式领先战略，但是实施过程中却发现模式并无优势，或者模式难以落地；我们采取性价比领先战略，但是实施过程中却发现自己的产品并无性价比优势；我们采取连续博弈战略，但是实施过程中却发现对手总是技高一筹、领先一步……这些情况的发生，是否意味着战略分析过程中自我分析不够客观？没有做到知己知彼？未必完全这样。市场竞争状态总是动态变化的，也许在我们进行战略分析、规划和制订实施计划期间，对手们也在进步迭代、也在采取行动；而我们在战略实施过程中，本身也有可能出现这样那样的问题。内部条件的变化可能影响战略规划、战略实施，这些变化包括实际执行能力、资源配置、模式选择等与预期的差距，评估部门都应密切关注。

（2）外部条件

“4+1”模型中的“宏观环境、行业发展和对手分析”，汇总的各项因素的详细信息、数据等构成了组织的外部条件。

当实施计划启动后，组织的状态发生了变化，这些外部条件，尤其对手的状态也会发生变化。这样一来，分析时统计的信息可能与实际市场状况有出入，因此及时监测、评估外部条件的变化对战略规划和战略实施同样非常重要。

市场竞争、产品技术的迭代速度越来越快，竞争对手的快速迭代、发展会削弱我们的优势，给我们的战略实施造成直接影响和压力。

组织都是在竞争中成长、发展的。面对强大的对手，会使我们更加强大。商业甚至社会发展的历史告诉我们，往往我们不是输给了对手，而是输给了自己。因此，关注外部条件的变化，关注对手的进步，自己也将在战略评估、调整、迭代中不断进步、强大。

与竞争对手的变化速度相比，宏观环境、行业发展等因素的变化可能不会很快；但一旦生变，往往就会对行业发展造成较大的影响。因此，无论实施计划是否按期达成，评估部门都应该密切关注外部因素的变化，将遍历式检查和监测形成流程和制度，定期进行，并评估变化对战略的影响。

当内、外部条件发生显著的变化，对战略实施造成较大的影响（无论正向或反向）时，评估部门就应及时反馈。必要时，组织应根据变化的内、外部条件，重新进行战略分析和战略规划……促使自己完成一次战略迭代。

实施前认真分析、准确定位，实施中及时复盘、及时评估、及时迭代和调整，组织将在系统、动态的战略迭代中持续保持竞争优势。

2.6“正确地做事”——“四部曲”的扩展应用

前文详细阐述了“四部曲”模型在一个组织中的详细运用方法和过程。

无论是从零开始的组织还是已有的组织，以及组织中的新项目等，运用“四部曲”模型都能够有效地建立战略优势。

事实上，“四部曲”在解决组织战略管理问题的同时，提供了一套战略思维模型和方法，这种系统的、动态的、闭环迭代的思维方法，有助于我们聚焦正确的目标、提高效率。

把“四部曲”战略管理模型扩展应用到策略管理、部门管理、高效工作等场景，就得到了“扩展版四部曲”模型，如图 2–18 所示。

“四部曲”的工作方法将少走弯路，减少试错的几率：拿到工作后先分析，规划有效的处理方法、制订相应的工作计划，准备好必要的资源之后再付诸实施；实施过程中及时评估效果，必要时调整实施方法等，从而推动实施工作顺利进行。

以制订营销方案为例，著名的广告大师约翰·沃纳梅克曾说过，“我知道我的广告费有一半被浪费掉了，但我不知道是哪一半。”这话客观地说明了营销规划的重要性。营销方案不是简单地把营销预算按阶段在几个媒体之间进行分配，而应该从头开始。

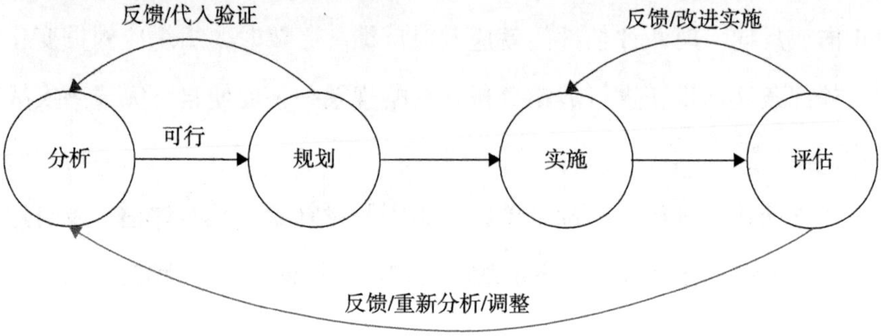

图 2–18 “扩展版四部曲”模型示意图

2.6.1 分析

❖ 营销标的——产品分析

不充分了解甚至理解产品，怎么可能制定出有效的营销方案呢？

产品的优点、特点、性价比等，决定了它与竞品在市场中的地位。因此，营销人员不仅要熟悉自己公司的产品，还要了解行业现状及竞争对手的产品，甚至找到竞品的软肋或公司产品的亮点，或许，这就能成为营销方案出奇制胜的切入点。

充分了解产品不能仅仅停留在公司研发和产品部门的介绍上，还应走进市场，通过消费者、用户得到第一手的信息和评价，这也将对制定营销方案提供有益的帮助。

❖ 营销受众——行业市场、消费者及其行为分析

每一个行业市场有其固有的运行规律，市场中的各类消费者呈现不同的消费行为。除了影响产品及其销售本身，消费者行为也将影响营销，包括营销的内容和投放的媒体——不同类型的消费者可能存在不同的内容偏好和媒体偏好。有时候，消费者和用户可能还是不同的群体，即：购买产

品的人不是产品的使用者；有时候，营销并非针对最终用户，而是针对渠道商、为招商服务。这些情况下，更应该做好区分，明确营销受众到底是哪一类人群。否则，很可能对牛弹琴。

❖ 营销目的——主题分析

每一次营销活动，都应该有明确的目的和主题，否则就会影响效果。品牌传播、促销、招商是差别巨大的主题，将显著地影响营销内容设计，后续实施所需的支持也大不相同。主题分析到位，才可能在此基础上策划有效的表现形式以及动人的内容，这就像命题作文一样，否则很可能驴唇对不上马嘴。

❖ 营销媒体——投放分析

分析了营销标的、受众、主题、内容等以后，需要选择媒体、营销渠道以及营销方式等。既要考虑投放效果，还要考虑性价比。媒体、渠道等太多，需要列表分析、对比。

除此之外，还要分析投放效果，计算投入产出比，评估是否能够达到预期效果、确保营销方案的可行性。否则，真会浪费一半广告费。

2.6.2 规划

从各类受众群体中，确定本次营销方案的主要目标；结合营销目标受众确定营销的主题、内容和表现形式，进而确定营销媒体。如果营销活动与销售相关，还需要确定引流、促销或销售的产品价格等方案，确定营销活动目标以及销售支持系统，包括备货、物流、客服等。

【案例】秦池集团的崩塌

1995 年，秦池集团生产秦池酒 9600 吨，实际销售 9140 吨，实现销售收入 1.8 亿元、利税 3000 万元。为进一步拓展全国市场、树立品牌，秦池集团决定竞标中央电视台 1996 年的广告标王，最终秦池集团以 6666 万元成功竞标。这意味着 1996 年秦池需要将产能及销售均扩大一倍才能保持盈亏平衡。

秦池酒原本在全国白酒市场名不见经传，成为央视标王后产生轰动性广告效应，一夜之间声名大噪，全国各地商家纷纷找上门来，秦池在很短的时间内就建立起覆盖全国的销售网络。与此同时，秦池酒的价格和单产利润也提高了，秦池集团在1996年的销售和利税竟分别较上一年增长了5倍和6倍！

1996年大幅的销售增长，已经暴露出秦池集团产能的不足。此时企业的主要问题应是改进生产工艺、提高产能和质量控制，而不是继续加强市场营销。

1996年11月初，秦池集团以3.2亿元天价卫冕1997年度央视标王！这一创纪录天价招致了全国媒体的广泛质疑：秦池集团的现有产能如何消化巨额的广告成本?

1997年，记者曝光了秦池因自身产能不足、收购川酒进行勾兑的事实。尽管当年秦池的广告仍然铺天盖地，但销售额比1996年锐减3亿元，从此开始走下坡路，最终资不抵债而破产。

营销成功竟间接导致企业破产！如果秦池人在1996年能够冷静下来做好企业的系统管理，做好产能、产品质量等与营销工作之间的协调，以后几年只需在央视继续保留适当的广告宣传，秦池真有可能会成为中国著名白酒品牌。这一案例警示我们，企业管理、营销管理是一个系统，短板会拖后腿甚至成为致命的突破口，因此，营销方案不仅仅要考虑营销本身，不能够脱节，要考虑方案成功实施后其他部门的支持能否满足市场的需求，不能重蹈秦池的覆辙。

2.6.3 实施

规划完成后，开始分解媒体投放进度、营销目标等，制订详细的营销实施计划，并配置预算、人力等资源，制作营销物料……一切就绪后，按计划实施媒体投放、促销和销售。营销人员要跟进媒体投放情况，保证按计划投放到位。尤其人工投放的物料，如果跟进不及时，很可能造成大量浪费。

2.6.4 评估

目前主要的网络营销媒体大多能够实时统计营销效果。营销计划启动后，应该评估每一个媒体、每一个活动的效果。如果不能够分别统计相应的效果，则应考虑分别投放，即在时间段上错开。对于执行不到位的，应加强实施管理。如果引流成功但转化成交有限，则应评估、分析其中的原因。

从各媒体枯燥的数字中，应评估该媒体的有效性，统计投放预算与产生的效果之间的比率，确定最有效的媒体，为以后的营销方案提供参考资料；对于效果欠妥的媒体，则应调整。

如此持续优化、迭代，可以不断提高营销系统的效率。

第三章　新战略在地区和国家发展中的应用

新战略清晰有效的分类，适用于不同规模的组织，甚至适用于地区、国家的竞争和发展。

3.1 资源领先战略

资源领先战略是国家或地区发展过程中最容易、最自然而然采用的战略。即：结合独特的资源优势，打资源牌。

（1）*矿产等自然资源*

自然资源丰富的国家或地区，相对资源贫乏的地区就拥有了资源优势，可以相对轻松地实现高速发展。中东、墨西哥湾、北极圈等地区拥有优质、丰富的油气资源，我国山西、内蒙古等地区拥有优质、丰富的煤炭资源……类似地区包括中东等的一些国家，几乎都在实施（矿产）资源领先战略。

拥有自然资源是优势，到了资源不足甚至枯竭时就会失去优势甚至变成劣势。玉门油田曾是我国第一大油田，新中国成立前，其产油量占全国90%以上，到1959年仍占全国原油总产量的51%，是新中国石油工业的摇篮——先后向全国50多个石油、石化、地矿单位输送骨干力量近10万人，足见其曾经的辉煌。然而今天的玉门油田，因资源已枯竭，不仅往日的繁华不再，甚至城市都已废弃。2008年、2009年、2012年，国家分三批共确定了玉门等69个资源枯竭型城市（县、区）。

矿产资源除了储量的潜在风险，还与全球经济周期等的波动密切相关。经济周期等波动性因素的存在，易导致矿产资源价格大幅波动，影响区域经济的稳定性。此外，拥有、发挥资源的绝对优势，更容易患上资源依赖症，忽视甚至放弃其他资源、发展模式的拓展机会，到最后资源趋于枯竭，丧失转型的可能。因此，在区域经济发展过程中，过度依赖自然资源（包括旅游资源）领先战略有其局限性，这也是资源领先战略自身的局限性，需要在实施过程中及时评估，依托资源领先战略，不断巩固和拓展资源优势（包括其他有形和无形资源），并尝试发展模式创新。

（2）人才、技术资源

在长期的工业化过程中，西方国家积累了雄厚的人才和技术资源。美国在高科技、金融、教育等领域的人才、技术资源傲视全球；德国、日本则在机械、电子等产品制造方面拥有显著的人才、技术资源优势……这种碾压式的人才、技术优势，衍生出市场、专利、品牌等优势，导致全球很多国家放弃了在相应领域的科研投入和发展。

（3）配套资源

我国很多地区在经济发展过程中，依托本地区的资源优势，打造出一系列产业集群，例如前文所述的浙江省产业集群。

产业集群的形成，成为地区发展特殊的资源优势。这种配套资源优势甚至可能比自然资源更持久、影响力更大。借助全国各地区、各种类型的产业集群，中国已发展成为全球唯一拥有全部工业门类的国家（包括39个工业大类、191个中类及525个小类）。因此，虽然在尖端科技领域中国不具备人才、技术资源的绝对优势，但拥有配套资源领先的相对优势。今天，与周边东南亚等国家相比，我们在劳动力、土地及厂房等成本方面已无绝对优势，但中国制造依然能够傲视全球，靠的就是配套资源领先的相对优势。

3.2 模式领先战略

模式领先战略具有巨大的力量。

（1）创新发展模式

无论国家、地区还是企业，实施资源领先战略是自然而然，实施模式领先战略却需要创新和勇气。

贵州省位于我国西南部，全省 92.5% 的面积为山地和丘陵，经济发展一度非常落后。2012 年，全省实现 GDP 共 6742.2 亿元，在全国 30 多个省、市、自治区中排名第 26 名。2013 年，依托适合建设数据中心的地理和气候条件及低廉的电价，贵州省推出了大数据战略，吸引网络巨头入驻。此后 6 年，贵州省一直保持数字经济增速全国第一。在大数据战略的加持下，到 2020 年，贵州省实现 GDP 共 17826.6 亿元，在全国排名第 20 名；并建成国家级科技合作基地 5 个、国家重点实验室 5 个、院士工作站 90 个，成绩斐然。今天的贵州，无论从大城市到小乡村，大数据三个字几乎无人不晓。大数据战略创新了贵州的发展模式，是典型的模式领先战略，为原本落后的贵州插上了科技的翅膀，融入了新经济的时代洪流。

贵州省过去几年的高速发展，只是中国经济发展模式创新的一个缩影。前文简要分析过，在全球范围内引人注目的中国经济奇迹就是实施模式领先战略、从公有制经济转向中国特色市场经济发展模式的结果。

中国特色市场经济的发展模式，也开始发生一些变化：在最初粗放发展模式的基础上，先是提出了科学发展模式——既要经济发展，又要保护环境、生态，要可持续发展；最近几年又提出了“一带一路”模式、大规模地走出国门。

（2）中国的和平发展模式

“大邦者，下流也……故大邦以下小邦，则取小邦”[①]。老子超然的智慧，为 2000 多年文明滋养下的中国奠定了基调：大而不侵略、不恃大凌小。

---

① 李耳著：《老子 · 六十一章》。

中国历史上始于秦汉时期的几次主要的领土扩张，是抗击匈奴等外族、防守反击的结果；令人血脉贲张的始于成吉思汗时期的大规模侵略，西方学者却并不承认是中国所为，而称之为蒙古、鞑靼①。建国后直到今天，在与周边邻国的所谓冲突中，中国几乎从来不是主动发起方，“不开第一枪”甚至成了处理边境冲突的铁律。这承袭了孙武倡导的“不好战、不恋战”以及“不战而屈人之兵”的战略思想。

明成祖永乐年间，郑和曾率领强大的中国舰队七下西洋，当时的中国，国力、技术等傲视全球，然而大明的远洋舰队并没有掠夺却是去泽被万国。儒家“穷则独善其身，达则兼济天下”的修身之本，被中国拓展成了修国之本。

今天，中国成为全球第二大经济体，同样没有去掠夺非洲等欠发达国家，而是借助“一带一路”为非洲等国送去了基础设施建设等福利——达则兼济天下，天下有中国，何其幸哉！

（3）美国的霸权模式

二战以后，以美、苏为首的两个超级大国主导建立了新的世界秩序。苏联解体以后的30年时间里，世界由两极变为单极主导，美国的霸权模式得以强化。

金融方面，美国推行美元霸权，主导了全球货币体系，甚至借助Swift等系统掌控全球货币的交易、流动；同时，借助金融人才和技术资源的优势，建立了领先的金融市场，掌握了全球大宗商品的定价权。金融霸权使得美国可以将自己国内金融危机、通货膨胀等的恶劣影响强势输出，由全球买单。

人才、技术方面，美国自二战以来加强人才吸引和研发投入，在多个行业建立技术标准、规则和市场领先优势，对产生威胁的外国企业（例如华为）实施超越技术手段的制裁、打击或惩罚；对敏感技术领域，限制国

---

① ［美］丹尼尔·J·布尔斯廷著：《发现者》，上海译文出版社2006年第1版，第113–115页。

际学术交流甚至入境签证，以维持自己的领先地位。

政治、经济方面，借助霸权推行盟友圈，打压甚至制裁新兴经济体等有威胁的国家（例如中国、俄罗斯、伊朗等），甚至借助金融霸权大搞货币战争，扰乱一国经济体系（例如阿根廷、委内瑞拉等）。

军事方面，二战以后，美国军队走向遍布全球的海外基地，除了原北约组织成员国，美军在德国、日本等战败国更加大了驻军力度；此后，借助朝鲜战争、海湾战争等不断扩展海外军事基地；并借苏联解体之机，主导北约东扩，军事触角不断向欧洲东部延伸。强大的科技资源优势强化了美国的军事优势，数量庞大的海外军事基地和驻军使得美军具有了无可比拟的全球机动和反应优势，为维护美国霸权提供了坚强的后盾。与孙武倡导的“不战而屈人之兵，善之善者也”不同，美军奉行“以战止战、以战止胁”战略；与孙武倡导的“因粮于敌”相同，美军奉行“以战养战”，掠夺战争所在国家的资源自不必说，就连海外基地所在的盟友也需要缴纳巨额“保护费”。强大的军事威慑力是美国得以长期维持霸权模式的重要保证——不听话，要么利用金融等优势把对方搞垮，要么利用军事优势把对方打垮……霸权模式给对方造成的伤害实在太大。

孙武曰：“用兵久而国利者，未之有也。”老子曰：“木强则折，兵强则灭。”美国“以战止战、以战养战”的霸权模式，帮助美国暂时摆脱孙武和老子的魔咒。或许时间未到吧。

中国已成为全球第二大经济体，但短期内仍难以撼动美国数十年来建立的霸权模式。美国自特朗普政府以来加强对中国的战略性打压，并非我们已经实质上威胁到了美国的领导地位，从他们的角度看，战略性打压中国属于未雨绸缪、防患于未然。

3.3 连续博弈战略

“我们希望博弈论会管用，就像我们在 1942 年希望原子弹会管用一样……博弈论……可以有效应用于现实生活的军事和经济冲突，人们必须将注意力集中在同时考虑合作与冲突的博弈。”①

1950年开始，现代博弈论已被美国著名战略研究机构兰德公司广泛应用于军事战略研究。这门诞生于美国的学科，助力兰德公司、美国在国际冲突博弈中游刃有余。

当发生地缘冲突、国际关系等突发事件时，连续博弈战略的应用将比较常见。例如印巴冲突、巴以冲突、朝美博弈等。

通常情况下，短期优势取决于连续博弈战略，终局胜负则取决用于博弈的实力对比。即：连续博弈战略能够确保在短期和冲突过程中领先，但未必能够确保最终胜利。以朝鲜和美国的博弈为例，虽然美国的实力、博弈能力远强于朝鲜，但是朝鲜敢于在博弈中以核问题要挟，美国则未在博弈中投入过高的筹码，因而朝鲜屡屡在博弈中“获胜”。

3.4 性价比领先战略

性价比领先战略在国家、地区层面的应用并不广泛，但仍不乏实证。

例如，在“抢人”“抢钱”方面，各国的投资移民政策就是性价比领先战略的较量：美国曾推出50万美元的投资移民产品；金融危机后，葡萄牙、西班牙重点营销50万欧元买房的黄金签证，希腊推出了25万欧元买房移民的政策……

我国不少城市为了抢夺人才，也先后推出性价比诱人的人才落户政策。

此外，日本等国的汽车能够立足美国市场，实施的也是性价比领先战略。

……

① 〔美〕西尔维娅·萨纳著：《美丽心灵 纳什传》，上海世纪出版集团，2005年4月第1版，第142-143页。

在一个组织（大到国家、小到企业和家庭甚至个人）中，清晰而有效的战略将提高发展效率。环境在变化，组织本身也在变化，战略因而不能一成不变。

新战略清晰的四大战略分类，系统性、动态性以及闭环迭代的战略管理“四部曲”模型，将助力组织保持长期的竞争优势。

如果我们都能以新战略、“四部曲”模型为基础，形成自己的战略思维，将会在日常生活和工作中更加理性而高效。

参考文献

[1] 曹操等. 十一家注孙子 [M]. 北京：中华书局，2012.
[2] 李耳等. 老子·庄子 [M]. 成都：天地出版社，2019.
[3] 商鞅. 商君书 [M]. 北京：中华书局，2011.
[4] 刘向. 战国策 [M]. 哈尔滨：北方文艺出版社，2013.
[5] 司马迁. 全本史记 [M]. 北京：华文出版社，2010.
[6] 韩非. 韩非子 [M]. 北京：中华书局，2015.
[7] 吕不韦. 吕氏春秋 [M]. 哈尔滨：北方文艺出版社，2013.
[8] 迈克尔·波特. 竞争优势 [M]. 陈丽芳，译. 北京：中信出版社，2014.
[9] C·W·L·希尔等. 战略管理 [M]. 孙忠，译. 北京：中国市场出版社，2008.
[10]〔美〕菲利普·科特勒等. 营销管理 [M]. 卢泰宏，高辉，译. 北京：中国人民大学出版社，2009.
[11]〔美〕斯蒂芬·P·罗宾斯等. 组织行为学 [M]. 孙建敏，李原，译. 北京：中国人民大学出版社，2008.
[12]〔美〕詹姆斯·M. 库泽斯，巴里·Z. 波斯纳. 领导力 [M]. 徐中，沈小滨，译. 北京：电子工业出版社，2009.
[13]〔美〕曼昆. 经济学基础：第 2 版 [M]. 梁小民，译. 北京：三联书店，2003 年.
[14]〔美〕西尔维娅·萨纳著. 美丽心灵 纳什传 [M]. 上海：上海世纪出版集团，2005.
[15]〔美〕丹尼尔·J·布尔斯廷著. 发现者 [M]. 吕佩英等，译. 上海：上海译文出版社，2006.
[16] 黎万强. 参与感 [M]. 北京：中信出版社，2018.
[17] 谷仓学院. 小米生态链战地笔记 [M]. 北京：中信出版社，2017.
[18] 陈润等. 小米传 [M]. 北京：中华工商联合出版社，2020.
[19] 于胜. 股权最重要的事 [M]. 北京：中国人民大学出版社，2020.
[20] 于胜.SPAC 特快上市指南 [M]. 香港：中华文化出版社，2021.

后 记

从我们上学开始，父母就面临战略选择：是顺其自然？是借助关系或花钱搞定入学指标？还是辗转求学国外？面对国内外不同大学提供的录取通知（Offer），应该选择哪一个？

走上社会以后，面对不同类型、不同级别企事业单位的工作机会，我们如何做出正确选择？面对创业和投资项目，如何分析其可行性？面对未来的伴侣，如何做出理性的分析和选择？面对子女的教育、就业等问题，如何更好地规划其未来之路？

本书提到的四大类型的新战略、“4+1”战略分析模型、“四部曲”战略管理等模型，除了满足组织战略管理的需要，对于上述个人问题（职业规划、创业、投资以及家庭经营等）同样具备很强的指导价值和参考意义——这正是新战略与西方战略理论的区别所在，也是中西方文化和思维方式的区别所在：国人的思维更加系统，喜欢悟道，喜欢总结通用的、放之四海而皆准的智慧；西方人的思维更加具体，喜欢逻辑，喜欢就具体问题研究解决方案。

对我而言，西方管理学、经济学等先入为主，我研究、实践西方理论的时间更长达 20 年，最终却以标准的中国式思维总结了四大类型的新战略。在我眼中，新战略与西方战略理论并无高下之分，只有适用与否的分别；但我衷心希望新战略的分类方法和适用范围得到更多的认可和应用，因为它源于中国古代先哲们的启发，闪烁着智慧之光。

于 胜

2021 年 11 月于北京